MA VIE SOUS INFLUENCE

CORRECTION : **CLÉMENTINE SANCHEZ**
GRAPHISME ET MISE EN PAGE INTÉRIEURE : **STUDIO BLICK**
GRAPHISME DE COUVERTURE : **STUDIO BLICK**
PHOTOGRAPHIES DE COUVERTURE ET DES PAGES 10 ET 158 : **LYDIE BONHOMME ET KEVIN PARNY**

10, PLACE DES CINQ-MARTYRS-DU-LYCÉE-BUFFON
75015 PARIS – FRANCE
ISBN : 979-10-285-1964-3

KENZA SADOUN EL GLAOUI
FONDATRICE DE LA REVUE DE KENZA

MA VIE SOUS INFLUENCE

LEDUC

SOMMAIRE

Le 16 octobre de l'année 1986, maternité de l'hôpital Foch de Suresnes où tu naquis. Mon amie venue me rendre visite se penche sur ton berceau et pose pour la première fois son regard sur toi, mon premier enfant. « Mais qu'est-ce que t'as foutu ? » me lance-t-elle sans filtre. Il est vrai, ma fille, que tu étais sans doute le bébé le plus laid que j'avais pu voir jusque-là. Jamais je n'aurais pensé un jour te voir en égérie des plus grandes marques que je portais et des plus prestigieux magazines que je lisais déjà à cette époque. Et pourtant. Tu fus la plus belle fille et désormais la plus belle femme sur qui mes yeux se sont posés.

Cette première anecdote de ton arrivée dans ce monde est à l'image du reste de ta vie : inattendu et défiant les croyances établies. Tu es la preuve que rien ni personne n'est prédestiné. La preuve qu'une femme qui croit en elle peut construire seule sa destinée comme tu as façonné ton propre métier. Porte ce message aussi loin que tu le pourras, ma fille.

Ta Maman.

Diego et moi, août 2019.

Réunis avec mes frères et sœurs, en octobre 2015, à Marrakech.

Avec mes deux sœurs, en 2014, en Grèce.

Shooting pour le livre, octobre 2020 (crédit : Lydie Bonhomme et Kevin Parny, maquillage de Margot Priolet).

Lorsque l'on raconte une histoire, c'est en général pour distraire ou intéresser, informer ou sensibiliser, faire rire ou pleurer, bref, pour transmettre certaines émotions. Si je me suis décidée à écrire cette histoire – mon histoire –, c'est pour toutes ces raisons, et bien d'autres encore. L'envie de partager d'autant plus, comme je le fais depuis 2008. Car vous avez été nombreux, au cours de ces douze années, derrière vos écrans, à me témoigner votre intérêt, votre enthousiasme et votre soutien, même dans les moments les plus difficiles, à me poser des questions d'ordre personnel auxquelles je n'ai pas répondu comme je l'aurais voulu, toujours à courir après le temps, ou encore à vouloir me protéger, et c'est aussi l'une des raisons qui m'ont poussée à vous parler à travers ce livre. Je l'ai écrit comme une lettre que je vous adresserais personnellement, à vous qui êtes à la fois si loin et si proches de moi, dans ma vie quotidienne comme dans mes pensées.

Avant cela, à mon sens, il était encore trop tôt pour revenir sur ces années de passion vécues à travers le blogging et autres réseaux sociaux. Les années ont passé, mon activité s'est professionnalisée et la plus grande histoire de ma vie s'est dessinée, sans prévenir.

En uniforme scolaire à l'âge de cinq ans

1

COMMENÇONS PAR…
LE COMMENCEMENT

J'ai vu le jour à Paris – à l'hôpital Foch de Suresnes, très précisément – le 16 octobre 1986, au sein d'un foyer installé dans l'un des « beaux quartiers » de la capitale, le 16e arrondissement. J'y ai grandi avec mon frère Diego, qui est arrivé moins d'un an et demi après moi, jusqu'à l'âge de cinq ans, soit jusqu'au divorce de mes parents.

Conséquence classique d'un divorce : mon frère et moi sommes allés vivre avec notre mère dans un appartement bien plus modeste, un véritable changement de décor, néanmoins toujours dans le 16e arrondissement, quartier que pourtant ma mère détestait ! Il était important de rester proche de notre père et de sa famille – ma famille maternelle étant basée au Maroc. De cette manière, la séparation fut douce.

Très jeune, j'ai peu de souvenirs de notre vie familiale à cette période. Toutefois, je me souviens d'une histoire d'amour qui aura duré dix-sept ans, un amour fusionnel, une ambition dévorante. À la trentaine, tout leur souriait. Ils travaillaient tous les deux dans la publicité et avaient une vie professionnelle très active. Quand Diego est né, il a fallu faire appel à une nounou, Souad, pour épauler mes parents. Deux enfants en très bas âge et une situation professionnelle à maintenir. Ma mère m'a toujours dit qu'il aurait sûrement été plus simple de faire des jumeaux que d'enchaîner deux enfants à un an d'écart ! Alors que je commençais à marcher, Diego était encore à quatre pattes, et notre nounou est arrivée au bon moment. Elle était comme une seconde maman, un véritable membre de notre famille, et mes parents l'adoraient. Elle est restée parmi nous jusqu'à mon onzième anniversaire et je continue de la voir encore aujourd'hui : c'est dire l'attachement que je ressens pour elle. Elle vivait dans le même immeuble que nous, allait nous chercher à la sortie de l'école. Au divorce de mes parents, ma mère devant régulièrement se rendre à l'étranger pour la réalisation de productions pour l'éditorial d'un magazine ou de campagnes publicitaires, une époque où le téléphone portable n'existait pas, Souad s'installait alors à la maison. Ma mère

Mes parents dans les années 80.

pouvait partir les yeux fermés, aller travailler l'esprit léger, tant sa confiance en Souad était immense.

Mon père était un homme toujours de bonne humeur, qui adorait imiter les voix issues de nos Disney favoris pour nous faire rire ou nous chanter des chants gospel pour nous endormir.

Ma mère, quant à elle, a été, dès mon plus jeune âge, mon pilier, mon *role model*. D'une beauté renversante, d'un charisme parfois intimidant, elle a été le mix parfait de la mère poule on ne peut plus aimante, over-protectrice, et de, si besoin était, l'autorité. Elle partait du principe qu'il ne fallait rien cacher à ses enfants, et la communication entre nous a toujours existé.

C'est ainsi qu'elle nous raconta les étapes successives de sa relation avec mon père, qui commença quand elle avait dix-huit ans et se termina lorsqu'elle en avait trente-quatre, m'ayant entre-temps mise au monde à l'âge de ving-neuf ans. Elle a vécu au Maroc, dans les beaux quartiers de Casablanca, au sein d'une grande famille, et c'est à son arrivée à paris qu'elle rencontra mon père.

Son grand-père, Thami El Mezouari El Glaoui, plus célèbre sous le nom de « Pacha de Marrakech », ou encore surnommé « La panthère noire », était l'un des plus célèbres pachas marocains. C'est d'ailleurs à cause de ce statut que l'histoire de la famille s'est trouvée bouleversée et que certains de ses membres ont traversé des épreuves pas ordinaires. En effet, mon grand-père et ses frères ont été enlevés à la naissance de ma mère et ont subi deux ans de captivité. Ma mère a donc véritablement rencontré son père à l'âge de deux ans et, de ce fait, s'est trouvée très proche de sa mère – de nationalité française –, auprès de qui elle a demeuré.

Venant d'un milieu privilégié, Maman a eu une très belle jeunesse au Maroc – elle a fait ses études au lycée français de Casablanca, mais, d'après ses dires, se sentait parfois étouffée par une autorité qu'elle ne tolérait pas. Très vite désireuse de goûter à une totale liberté, elle est donc partie faire ses études en France à l'âge de dix-sept ans.

Inscrite en première année à l'École des beaux-arts de Paris, elle a subi beaucoup de bizutages qui, au final, l'ont fait renoncer à poursuivre dans cette voie. Belle comme elle était, ses camarades l'incitaient à défiler dans la rue, à jouer la potiche, et à récolter de l'argent auprès des passants. Elle s'est alors inscrite en psychologie à Paris X-Nanterre, où elle a commencé à se créer un véritable cercle d'amis. C'est dans ce contexte qu'elle a rencontré Thierry, mon père, que des amis communs lui ont présenté lors d'un bowling organisé.

Mon père nous a par la suite toujours confié que du jour où il a rencontré Jamila, il a immédiatement su qu'il se marierait avec elle et lui ferait des enfants. Le coup de foudre, celui dont on rêve tous ! Pour leur premier rendez-vous, voulant coûte que coûte la séduire, il a joué la carte romantique et l'a emmenée à l'opéra... Succès garanti, ils sont sortis ensemble le soir même !

Bien que véritable titi parisien, mon père est marocain, né de parents juifs et berbères, comme Maman. D'où, pour l'un et pour l'autre, l'importance de la tribu, à laquelle ils sont très liés. Cependant, bien qu'il ait fait sa bar-mitsvah, il n'était pas pratiquant. Ma mère ne pratiquait pas de religion non plus. Une mère catholique, un père musulman : la notion de mixité est omniprésente au sein de notre famille.

Diego et moi en 1993, sur le tournage d'un clip au Maroc.

Lorsque ma mère a rencontré mon père, il avait déjà un parcours atypique : dyslexique, dysorthographique, incapable de se concentrer, il avait abandonné l'école à quinze ans pour démarrer des petits jobs, notamment celui d'assistant plateau dans un studio de photo, ce qui lui a très probablement ouvert la voie de ses projets futurs. Leur relation s'est vite intensifiée, aussi ils ont décidé de vivre ensemble et se sont installés dans un petit studio du 16e arrondissement, non loin de là où mes grands-parents paternels habitaient.

« LA NOTION DE MIXITÉ EST OMNIPRÉSENTE AU SEIN DE NOTRE FAMILLE. »

Côté familial et jusqu'à leur mariage, tout était au beau fixe : au Maroc, juifs et musulmans vivent en parfaite entente. De plus, les Berbères partagent la même langue et la même écriture, cultivent un lien très fort avec la tribu. Autant de points communs qui unissaient les deux familles et légitimaient la liaison de leurs enfants à leurs yeux.

Du point de vue professionnel, au début des années 1980, poursuivant dans sa voie, mon père décida de s'associer avec Patrice Haddad pour fonder Première Heure, une agence de production. L'agence compta vite dans ses fichiers de grands noms de la photo – comme Jean-Baptiste Mondino – et se développa rapidement.

Bien que n'ayant pas terminé ses études, débutant une carrière dans le mannequinat, Maman commença à collaborer avec eux et à s'investir de plus en plus dans l'entreprise. Ensemble, ils créèrent un métier qui n'existait pas, s'éclataient dans leur boulot, faisaient bosser leurs copains et commencèrent à bien gagner leur vie. Leur vie sociale était riche, et leurs voyages aussi bien professionnels que personnels s'accumulaient. Un conte de fée pour ces deux-là, dont les parcours atypiques n'étaient pas voués à les mener ici !

Maman tombe enceinte dix ans après leur rencontre, elle a vingt-huit ans et mes parents sont les plus heureux du monde. Cependant, les choses se gâtent à l'annonce de leur mariage quelques mois avant mon arrivée. Malheureusement, cet événement est mal accueilli par leurs familles respectives alors qu'elles validaient cette union jusqu'à présent... Cela va se traduire par des absences remarquées à la cérémonie. Principes d'un autre temps, et qui rendent parfois les familles trop envahissantes...

Au départ, Maman voulait m'appeler Atlantique (quelle drôle d'idée !), afin de faire un lien avec le surf qu'elle a pratiqué toute sa jeunesse sur les plages marocaines. Mais c'est finalement un prénom berbère, choisi par mon père, qui sera retenu : Kenza (« trésor » en français).

C'est alors qu'un nouvel imprévu surgit : Maman est de nouveau enceinte peu de temps après ma naissance. Loin d'éprouver de la jalousie tout au long de la grossesse de Maman, je me réjouis de l'arrivée de ce petit frère, avec lequel je vais partager beaucoup de moments de bonheur. Mes parents le prénomment Diego et, dès son arrivée, je suis extrêmement protectrice avec lui ; c'est d'ailleurs le premier être humain qui recevra un bisou de ma part ! Au fil du temps, notre relation va devenir fusionnelle – elle l'est encore aujourd'hui – et je ne remercierai jamais assez mes parents de m'avoir offert un petit frère aussi rapidement.

Au cours des quelques années qui vont suivre, la vie à la maison va changer et l'ambiance se dégrader, jusqu'au divorce de mes parents qui va mal se passer. Commence alors un nouveau chapitre de mon existence.

Diego et moi en 1990.

À l'âge de douze ans, les prémisses de l'adolescence.

2

UNE NOUVELLE VIE

Cette période inaugure pour moi un changement de contexte brutal. Mes parents se disputent sans arrêt et leur divorce est orageux. Il prendra d'ailleurs des années pour être acté. Nous déménageons avec Maman dans un petit appartement du 16e arrondissement. Ma mère, que l'on prend souvent pour la baby-sitter, avec ses jeans Levi's et ses Converse aux pieds, supporte mal de vivre dans l'Ouest parisien. Nous n'y resterons qu'un an.

Pour ma rentrée en CE1, elle décide d'emménager dans un ravissant appartement dans le Marais, un quartier pas du tout aussi branché qu'aujourd'hui. Au quatrième étage sans ascenseur, tous les voisins se connaissent, la vie y est douce. Pour moi, la transition est aussi excitante que compliquée, car à ce changement s'ajoute celui d'une nouvelle école. J'ai alors sept ans et, pour une enfant de cet âge, le choc est un peu dur à absorber. Le jour de la rentrée, je me souviens d'avoir beaucoup pleuré. Quant à notre vie quotidienne, là encore, elle est radicalement bouleversée : Diego et moi vivons avec Maman durant la semaine, mais nous allons tous les mercredis chez Papa, ainsi qu'un week-end sur deux. Son appartement ne comportant qu'une chambre, nous dormons une nuit sur deux, chacun notre tour, dans son lit : les merveilleux souvenirs !

Dans ce contexte, notre père, que nous voyons moins, a en quelque sorte le beau rôle : chaque moment passé avec lui est un peu une fête, alors que notre mère, avec qui nous vivons au quotidien, endosse celui – toujours ingrat – d'« éducatrice ». Mais tout ça n'a que peu d'importance face à la nouveauté qui nous attend : un an après la séparation, Maman rencontre un homme, qui vient s'installer à la maison et dont elle tombe rapidement enceinte. Ce sera un garçon, prénommé Romeo, « un cadeau du ciel » comme aime le dire ma mère. C'est le plus gentil des petits garçons, et Diego et moi le prenons rapidement sous notre aile. De son côté, mon père fait la rencontre de celle qui deviendra sa future femme. Nous sommes

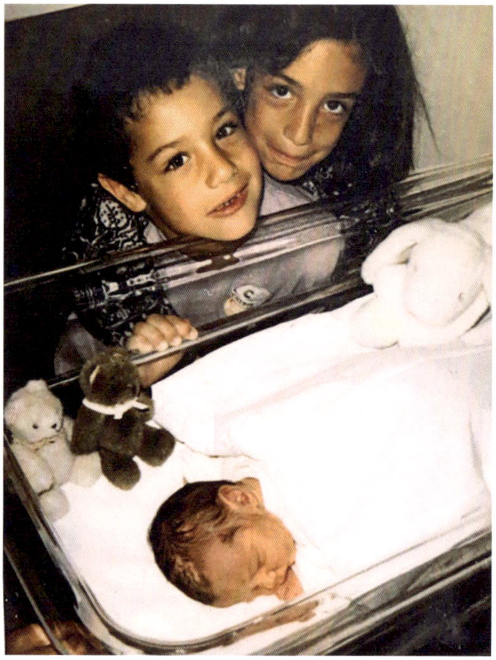

Naissance de Romeo, en 1994.

alors en 1994 et j'ai huit ans. Un beau-père, une belle-maman et un petit frère ont débarqué dans nos vies.

Tout n'est pas toujours simple à la maison, je fais souvent l'intermédiaire entre mes parents et ce pendant des années. Par la force des choses, je deviens la confidente de ma mère – à l'inverse de mon père qui ne se confiait pas sur ses angoisses –, ce qui me projette dans l'âge adulte de manière très précoce. Elle était de nature assez soucieuse, ce qui était plutôt naturel, avec deux enfants en plein éveil à la maison, un petit nouveau, son couple commençant à battre de l'aile dans une atmosphère relativement violente, un divorce sur le dos et une grande responsabilité professionnelle – elle venait de quitter son job d'acheteuse d'art en agence de publicité pour monter sa boîte de production de photos ; je prends donc conscience des problèmes existant entre mes parents, j'éprouve aussi de la compréhension et de la compassion pour ma mère, ce qui, malgré moi, m'installe dans la position de l'oreille attentive. Résultat : plongée dans des histoires d'adultes qui ne me concernent pas, j'en deviens – et je resterai – une grande angoissée à mon tour. Tout comme ma mère, j'ai besoin de tout maîtriser pour ne pas avoir de mauvaises surprises. Un trait de caractère qui a tendance à m'agacer mais dont je suis finalement assez fière malgré tout, étant l'héritage de la personne que j'admire le plus au monde.

À notre grand étonnement, nous constatons que notre quartier « fonctionne » comme un village : tout le monde se connaît de vue, on y fait tout à pied, y compris se rendre à l'école, et l'atmosphère est géniale. Je suis inscrite dans un petit collège de trois cents élèves abrité dans un ancien hôtel particulier où Molière habita pendant quelque temps : le collège Victor Hugo. Je m'y acclimate très vite, me fais beaucoup d'amis (que je vois toujours) dans une ambiance populaire et cool, et suis très à l'aise dans le système scolaire.

Mais ce bien-être ne dure que quelques courtes années car, à mon entrée en quatrième, les choses se gâtent. Je suis attirée par certaines mauvaises fréquentations, des filles plus âgées que moi, en tout cas moins naïves, complètement livrées à elles-mêmes. Ma mère exerce un étroit contrôle sur ce que je fais, me fixe des couvre-feux et téléphone systématiquement chez les amis chez qui je suis. Obligée d'écourter les soirées en rentrant plus tôt que les autres, je trouve ça injuste et le supporte difficilement. Je fais une petite crise d'adolescence, mais rien de dramatique. Je réaliserai plus tard qu'en fin de compte, ma mère était dans le vrai et qu'effectivement, à quatorze ans, je n'avais pas à traîner dans les rues avec mes copines ou encore en boîte de nuit, d'autant plus dans une ville aussi grande que Paris.

Ainsi, bien que mes notes soient correctes à l'école et que je sois très assidue aux cours – même si je suis beaucoup trop bavarde –, ma mère veille sur moi et prend garde à toujours me remettre dans la bonne voie, comme le jour où elle m'a grillée devant le collège en train de fumer une cigarette avec mes copains. Elle ne m'aura pas épargnée, une belle humiliation qui me fait rire aujourd'hui, mais qui aura marqué les esprits, comme à son habitude. Tous mes amis l'adoraient et bien qu'elle fût très présente pour assurer mon éducation, je n'en étais pas moins « cool » aux yeux de mes camarades.

Depuis mon plus jeune âge, je suis attirée par la mode. Mes goûts en la matière me distinguent des autres et je me fais remarquer, ce qui ne me déplaît pas, au contraire. Je suis assez populaire au collège, aussi bien auprès des élèves – de tous les âges car j'ai le contact facile – que des professeurs avec qui je m'entends plutôt bien.

En fait, grâce à nos parents qui nous ont inscrits dans des établissements publics et fait ainsi côtoyer des gens très divers, Diego et moi, bien qu'étant relativement privilégiés, ne faisons aucune distinction sociale et je leur en suis très reconnaissante aujourd'hui, car ils nous ont donné la faculté d'aimer les autres sans aucun préjugé.

En raison de mes centres d'intérêt qui me portent vers tout autre chose que mes études, mes résultats scolaires finissent par s'en ressentir et, à la fin de l'année, le verdict tombe : je dois redoubler ma quatrième. J'ai droit à une bonne leçon de

Avec mes sœurs India, Athéna et mon frère Diego en 2017, en Grèce.

morale de mes parents, qui espèrent que ça me fera réaliser quels sont les enjeux de ma scolarité.

L'avantage de ce redoublement est que je me retrouve dans la classe de mon frère. Eh oui, c'est un tout petit collège ! Cette année est l'une des plus géniales de ma scolarité. Nous avons les mêmes copains et formons bientôt une bande inséparable de six ou sept amis. Je rencontre d'ailleurs cette année-là deux de celles qui deviendront mes meilleures amies, Lorraine et Salomée.

« LA TRAVERSÉE DURERA TOUTE L'ANNÉE… »

À la fin de ma seconde quatrième, nos parents nous changent d'établissement, Diego et moi, et nous inscrivent à Massillon, établissement très différent de celui d'où nous venons. Il s'agit d'un collège-lycée privé sous contrat, dont l'esprit et le règlement sont beaucoup moins flexibles qu'à Victor Hugo. Je n'ai, par exemple, pas le droit de tenir mon frère par le bras dans les couloirs, comme me le fait un jour observer un pion. La liberté d'aller et venir y est plus limitée, et les profs sont plus distants avec les élèves. Ces règles ne me conviennent pas et je ne m'y sens pas très épanouie.

Côté études, je suis très douée dans les matières littéraires. En fait, je suis une dingue de littérature. Depuis mon plus jeune âge, je dévore les livres, un véritable moment d'évasion. Mais chaque été, je suis contrainte de lire deux énormes livres imposés par l'école, ce qui me fait perdre confiance en moi et le goût de la lecture.

Mon année de troisième est aussi celle de mon premier amour. J'ai quinze ans, il s'appelle Félix et nous nous connaissons depuis des années car nous habitons à quelques rues l'un de l'autre. Il fréquente un collège juste à côté du mien. Je sors avec lui le jour de la naissance de ma petite sœur du côté de mon père, India, en 2001 (qui sera suivie d'Athéna en 2003) et, très vite, je comprends ce qu'est l'amour. Avec un grand A. Je suis tombée amoureuse. Il a tout pour plaire et ma mère le valide : il fait du skate, il est populaire, mais il excelle également dans ses études. Je me souviens de nos révisions du brevet ensemble, chez lui, le soir après les cours… Qui aurait pu imaginer que des moments comme ceux-là resteraient gravés dans ma mémoire ?

« La traversée durera toute l'année... », comme l'a si bien chanté Gainsbourg. C'est mon premier chagrin d'amour : nous décidons ensemble de rompre, mais je n'en ai pas envie. Mon année de seconde – ma dernière passée à Massillon – se révèle difficile pour moi sur le plan scolaire. Je commence progressivement à perdre confiance en moi, à décrocher et à réaliser que je ne suis peut-être pas faite pour les études. En réalité, je veux mettre un terme à ma scolarité. Ma professeure d'anglais, la seule d'ailleurs qui a pris le temps d'examiner ma situation avec ma mère et moi-même, dresse un bilan : bien que j'adore les matières littéraires, il ne me sera pas possible de passer en première L dans cet établissement. Je suis dégoûtée et je crois comprendre alors que je ne suis qu'un numéro parmi d'autres censé atteindre une moyenne pour contribuer à la bonne réputation du lycée. Que penser alors du système scolaire ? Je n'en reviens pas. Moi qui avais toutes les capacités mais surtout l'envie et la bonne volonté de parcourir des voies littéraires... La décision est alors prise de me retirer du parcours général pour m'inscrire en première STT option communication à Pollès, une école privée hors contrat. J'aurais pu faire une première L ailleurs, mais cette filière a su convaincre mes parents, qui étaient persuadés que je m'y sentirais mieux. Le plus gros challenge a surtout été de reprendre confiance en moi à un moment de ma vie où je passais mon temps à répéter : « Je ne sers à rien. »

C'est l'année où je commence à avoir – officiellement – le droit de sortir en boîte de nuit, notamment aux Planches, où j'ai passé de nombreux week-ends, l'année où je rencontre beaucoup de gens, d'autres personnes que les amis de mon quartier ou du lycée, celle enfin au cours de laquelle je me révèle encore plus sociable. Seule condition imposée par ma mère : que je sois rentrée à la maison à 2 heures maximum. Souvent, c'est mon père qui nous emmenait en boîte avec mes amis ou qui venait nous chercher pour nous ramener à la maison. Quant à Diego, qui a redoublé sa troisième et sa seconde, il a été diagnostiqué « surdoué » quelques années auparavant, mais mes parents n'ont pas souhaité le placer dans une structure spécialisée. Il traverse une période où il alterne le skate, les jeux vidéo et la séduction auprès des jeunes filles qu'il commence à fréquenter.

C'est vers la fin de cette année de seconde que j'ai mon premier coup de foudre : j'ai dix-sept ans et il s'appelle Mathias. Je suis à une soirée quand je remarque, à distance, un très beau brun, grand et élégant. J'adore faire la fête, j'aime par-dessus

En 2004, prête à sortir.

tout la musique et danser, et à ce moment-là, je ne sais pas quelle force m'a poussée, mais je me dirige vers lui, mes copines derrière moi, et je me décide à l'aborder au culot. La magie de la rencontre opère visiblement et on passe le reste de la soirée à discuter, à faire connaissance, en dehors de la boîte de nuit. C'est un garçon qui sort beaucoup, mais qui tout comme moi est sain – je n'ai jamais bu une goutte d'alcool ni pris de stupéfiants, et j'ai toujours à la main une bouteille d'eau que je remplis à mesure que les soirées passent. Plus je le regarde et plus je le trouve beau, je bois ses paroles, je tombe raide amoureuse de lui. Ça ne se reproduira plus jamais de cette manière-là.

On se quitte sur le trottoir, au moment où je monte dans un taxi avec mes amies, après avoir échangé nos numéros. Mais une fois rentrée chez moi, je ne peux pas m'empêcher de lui téléphoner... Et la conversation dure jusqu'à 9 heures ! On se donne rendez-vous à quelques jours de là – à la sortie du métro La Muette, j'en ai gardé l'image – et la première impression se confirme : je réalise qu'il va marquer ma vie.

La suite me donnera raison et nous passons deux ans ensemble, ce qui, à notre âge, est significatif. Il devient mon amoureux, mon meilleur ami et, avec lui, je vis une vraie passion. Il est le premier copain que je présente à mon père, à ma grand-mère maternelle dont je suis très proche, il part même en vacances avec ma famille et moi. Nous sommes libres, heureux et faisons les quatre cents coups, comme sécher les cours l'après-midi pour nous retrouver et faire le tour des friperies de Paris. Ou encore sortir en boîte juste tous les deux sur un coup de tête, pour simplement aller danser sur le quart d'heure de hip-hop qui était diffusé avant de rentrer nous coucher.

J'ai la sensation de vivre les meilleures années de ma vie. Nous sommes inséparables, nous ne faisons rien l'un sans l'autre, ce qui rassure mes parents qui préfèrent me savoir à la maison avec mon copain plutôt que sortie n'importe où – mes parents, bien que stricts quand il fallait l'être, se montraient très tolérants et compréhensifs vis-à-vis de ma relation, notre confiance était totale et je leur racontais toutes mes histoires de cœur.

Mais, comme souvent, la situation a son revers : je me découvre jalouse quand je m'aperçois qu'il se laisse séduire par une autre, ce qui vient bousculer notre routine parfaite. J'instaure une relation conflictuelle avec lui, qui traduit mon désir de prendre le pouvoir. Ma mère m'ayant inculqué l'indépendance quelles que soient les circonstances, j'ai tendance à grossir les traits de ces valeurs reçues. Dans mon imaginaire d'adolescente, je ne saisis pas encore qu'une relation sentimentale se passe bien lorsqu'elle est équilibrée. Du coup, j'en fais trop, de manière à me protéger, j'impose ma vision des choses et adopte une attitude « révoltée ». Si cela ne va pas dans mon sens, alors je me braque.

Sur le plan sentimental, rien ne va plus : je me sépare donc de Mathias, mais nous restons très amis, encore aujourd'hui. Puis, deux mois plus tard, je rencontre un garçon avec qui je vais vivre une relation ultrapassionnelle pendant deux ans, à l'opposé de ma précédente histoire et finalement pas très saine. Il ne m'inspire

Avec Mathias, en 2003.

pas confiance, à mon entourage non plus, mais je suis jeune et je ne me pose pas plus de questions que ça. Cette relation n'est pas vraiment épanouissante et va d'ailleurs mal se terminer, très mal se terminer, en bagarre générale entre deux bandes, la sienne et la mienne, peu de temps après notre rupture, conduisant à un procès et, pour la majorité des protagonistes, à l'hôpital.

L'incident me choque tellement qu'hormis le tort qu'il nous cause à tous, j'en suis traumatisée, traumatisée par la violence de la scène à laquelle j'ai assisté. J'en deviens agoraphobe et je refuse de sortir de chez moi pendant quelques mois. Je suis traversée par des crises d'angoisse, je n'ai plus mes règles... Résultat : deux ans de thérapie.

« MON EXISTENCE EST JALONNÉE D'ÉPISODES INTENSES. »

Durant cette période, je comprends que le souci ne vient pas fondamentalement de cette bagarre, mais des relations problématiques que j'entretiens avec les hommes. L'image que je peux avoir d'eux n'est pas la bonne. Depuis mon plus jeune âge, je ne parviens pas à gérer les conflits et je me retrouve bien trop souvent affectée par des situations provoquées par les hommes qui ont pu traverser ma vie.

Ma propre mère avait des difficultés avec son père, qu'elle n'a véritablement rencontré qu'à l'âge de deux ans, et je suis convaincue que ces douleurs traversent le temps si on ne les rectifie pas et que l'on ne stoppe pas la transmission.

De nature passionnée, mon existence – pourtant courte jusqu'ici – est jalonnée d'épisodes intenses. Sans doute vaut-il mieux vivre sa vie intensément que de manière plan-plan, mais il y a un prix à payer, car c'est en fait assez destructeur et peu équilibrant.

Au lycée, petit à petit, ce qui me semblait être une orientation bizarre, l'option communication, se révèle être exactement celle qui me convient : j'adore mes cours et je deviens aussi à l'aise à l'oral qu'à l'écrit. Et puis, cerise sur le gâteau, cette option figure à l'oral du bac ! Ma confiance en moi s'en trouve d'autant plus renforcée qu'à l'issue de ces deux années, je suis reconnue « meilleure élève toutes générations confondues en option communication ».

À ma sortie de terminale, bac en poche et ne sachant pas trop quoi faire, mon seul attrait étant les langues étrangères et la communication, je m'oriente d'abord vers un LEA anglais/italien.

Dès mon premier jour à la Sorbonne, je comprends que je n'arriverai jamais à aller jusqu'à la licence. J'arrête donc ces études au bout de deux semaines et je décide de travailler pour m'occuper. Je garde des enfants tous les jours après l'école, et le week-end, je suis vendeuse dans un magasin près de chez moi. Mine de rien, il s'agit de mes premières véritables responsabilités, je gagne mes sous, que je dépense souvent dans mes sorties entre amis, et je me rends compte que je suis en mesure de m'occuper de deux enfants, un rôle dans lequel je m'épanouis énormément.

La rentrée suivante, je passe un concours pour faire une école de journalisme et je suis admise à l'IEJ (anciennement l'ITAIM). Bien que les étudiants soient sympas et les enseignants intéressants, je me sens toujours insatisfaite. J'apprécie de me rendre en cours car je me lie d'amitié avec certaines personnes et quelques leçons m'intéressent, mais au fond de moi, j'ai l'impression d'avoir dépassé un cap. La bagarre et ses conséquences m'ont marquée et m'ont fait grandir une fois de plus bien trop vite. Je ne me sens plus capable de rester assise pendant huit heures à écouter un monologue, j'ai besoin d'action, de me prendre en main et de m'éloigner du système scolaire.

L'état dans lequel je me trouve m'amène à arrêter mon école de journalisme au bout de six mois, ce qui ne provoque aucun drame du côté de mes parents. En réalité, ils voulaient avant tout que j'aie mon bac, et mon père n'attache aucune importance à ce que je fasse des études. En revanche, que ce soit à travers des stages ou un vrai boulot, ma mère et sa légendaire rigueur veulent que j'apprenne à bosser. Elle me propose alors un job d'assistante dans ses deux agences, l'une étant une agence de production de photos de mode, l'autre une agence de photographes. Cette formation remplacera ma vie étudiante. Je voulais toucher à la vie active et me prendre en main ? Un contrat moral est passé.

Un nouveau chapitre de mon existence commence alors pour moi, car dès cet instant, j'entre dans la vie professionnelle. J'ai vingt et un ans.

2009-2010, séance photo improvisée pour le blog, chez une amie.

3

MES DÉBUTS

Je l'ignore alors, mais commence pour moi une période de deux années que je vais passer dans les bureaux de ma mère, période en réalité plus complexe qu'elle n'y paraît, car ce n'est pas simple de bosser avec et pour ma mère, son taux d'exigence étant plus élevé que celui de n'importe quel autre employeur. De plus, je n'ai pas envie de me cantonner au domaine de la production dans l'image, car j'ai envie d'écrire. Surtout, je ne souhaite pas dépendre de toute une *team* qui me jettera la pierre si quelque chose se déroule mal sur un photoshoot. Je prends donc le taureau par les cornes et envoie des candidatures à plusieurs rédactions de journaux. Je n'ai pas achevé mes études de journalisme, mais il faut croire que mon ambition se perçoit à travers les mails envoyés. Mon désir est exaucé et je commence à faire des piges pour des magazines, notamment *Glamour Magazine* (en ligne), que je considère depuis toujours comme une référence.

Chez ma mère, je suis initiée à la comptabilité, à la production et aux relations clients, autant de découvertes qui me plongent dans la vie de l'entreprise. Entrant ainsi dans la vie adulte assez tôt, je ressens un véritable décalage avec mes amis, qui, pour la plupart, sont encore étudiants ; mon sens des réalités est plus développé que le leur et j'en deviens plus entreprenante.

J'éprouve également une vraie passion pour la musique, acquise au fil de mes sorties, mais surtout grâce à mon père, qui m'a éduquée à travers celle-ci depuis mon plus jeune âge. Je me souviens de la musique qui résonnait dans tout l'appartement au réveil le matin, ou encore de nos sorties dans Paris en voiture, dans laquelle il avait installé tout un *sound system*. Et entre dix-neuf et vingt ans, cette passion guide mes sorties : je ne sors plus simplement pour sortir, mais pour aller écouter un DJ ou un artiste que je suis et passer des heures à danser. Et puis vient le moment où je m'inscris sur Myspace, qui est pour moi une véritable révélation. Je commence alors à entrer en contact avec des artistes, des créateurs et tout un tas de gens qui gravitent dans l'univers de la musique. Je suis adepte de ce réseau, sur lequel je passe toutes mes heures *off* à dénicher des morceaux de musique.

Auparavant, j'étais déjà active sur les réseaux ZePeople et Planète Ultra, simplement pour discuter avec les jeunes adultes de mon âge qui sortaient aux mêmes endroits que moi, tous mes amis y étaient inscrits, c'étaient nos Facebook de l'époque. Mais Myspace me permet de tirer profit d'Internet. De fil en aiguille, je me constitue ainsi un nouveau cercle de relations. Je commence alors à y parler musique et à exposer mes goûts, principalement tournés vers le hip-hop et l'électro. J'y publie également des comptes-rendus de mes sorties, des concerts auxquels j'assiste, des commentaires sur l'organisation des soirées, etc.

Pour mes sorties, c'est le ParisParis qui a ma préférence ; ce lieu reçoit alors des DJ ou des producteurs qui débutent et ne sont pas encore connus. Justice commence à y mixer, Brodinski aussi. C'est une période au cours de laquelle je sors beaucoup, du jeudi au samedi soir, mais toujours en respectant une certaine hygiène de vie pour assurer ensuite ma vie professionnelle pendant la journée. Je ne bois donc pas d'alcool quand je sors et je ne reste jamais bien tard, ce qui me permet de me lever tôt le matin. Quand je visualise ces années-là, je ne peux m'empêcher de trouver que je me suis toujours investie à fond dans ce que j'entreprenais, mais également toujours sainement. Mon travail qui m'accapare beaucoup et ma passion pour la musique me font vivre une existence intense, dont je profite pleinement.

En parallèle, moi qui pensais n'y aller que pour quelques séances, je continue à me rendre chez ma psychologue. Au fil des consultations resurgissent des traumatismes que je n'aurais jamais imaginés, engendrés par la séparation de mes parents notamment, ainsi que par des histoires de famille qui contribuent à me léguer un passé plus lourd à porter que je ne l'aurais cru. J'en ressens parfois des crises d'angoisse qui m'obligent à quitter la soirée où je me trouve pour rentrer me terrer chez moi, en proie à des montées d'agoraphobie. Ma psy est là pour m'aider à me débarrasser de tout ça et lui en parler me fait un bien fou.

Un soir, au cours d'une soirée au ParisParis, je remarque un jeune homme très grand, très blond, dont le visage atypique me rappelle quelqu'un ; il sort de la boîte au moment où j'y entre et nous ne faisons que nous croiser… Quelques jours plus tard, comme tous les vendredis soir, j'organise un petit apéritif chez moi avec des amis, qui amènent chacun un ou deux amis. Ce jour-là, parmi eux se trouve « le grand blond ». C'est alors que ça me revient ! Il fait partie du collectif Fluokids, l'un des premiers blogs musicaux apparus en France, et je me rappelle l'avoir vu mixer quelques semaines plus tôt. Ce blog, révélateur de talents et de nouveaux morceaux, proposait une découverte par jour à télécharger. C'est comme ça que j'y ai vu se produire Guillaume, ce grand blond, tombé chez moi par le plus grand des hasards grâce à des amis communs.

Guillaume n'est pas parisien, il a débarqué dans la capitale poussé par sa passion pour la musique, ses envies et sa volonté. Mais c'est aussi un garçon remarquable par ce qu'il dégage, qui en plus d'être brillant est ambitieux et débrouillard. C'est le genre de personne que tout le monde aime et je suis très vite fascinée. Sans même s'en rendre compte, son expérience – il a trois ans de plus que moi – et son parcours de vie à l'opposé du mien – il est bien plus aventurier – m'aident énormément à prendre mon envol professionnel et me tirent véritablement vers le haut. Une belle histoire de deux ans démarre.

Toujours animée par l'envie d'expérimenter et de découvrir de nouvelles choses, à son contact, je sens naître ce qui n'était au début qu'une vague envie : le désir de créer mon blog pour enfin écrire ce que mes inspirations me dictent et ne plus me

Lors de ma fête d'anniversaire chez Moune, en 2009.

cantonner à des piges sur des sujets imposés par des magazines. Parallèlement à ce projet encore nébuleux, je suis une fervente lectrice de différents blogs américains, aussi bien *street style* que mode, mais celui dont je ne rate jamais un reportage, c'est *The Cobra Snake* – je suis fascinée par tous les looks présentés lors de soirées de folie qui se déroulent à Los Angeles. Je commence alors à me balader en soirée avec un appareil photo et je prends l'habitude de photographier mes potes, avec qui je partage ensuite les photos par mail. Ça finit par devenir un vrai rituel de fin de soirée. Puis, petit à petit et presque à mon insu, les éléments du puzzle de mes envies se mettent en place, jusqu'à ce qu'un jour, je me jette à l'eau et que j'aille sur Google pour apprendre à créer un blog.

« JE CONTINUE DE TRACER MA VOIE. »

Les choses s'installent peu à peu dans ma tête, puis vient le moment de trouver un nom à mon projet. Il existait déjà des blogs de mode tels que Le Blog de Betty, Garance Doré, Punky B ou encore Café Mode, mais je ne voulais pas nécessairement me mettre en avant. Toujours dans l'idée d'un « journal », je suis allée chercher son synonyme dans un dictionnaire… des synonymes (!), et c'est comme ça qu'est née, dans mon salon un soir d'été, La Revue de Kenza. C'était en juillet 2008.

Je le crée alors sur Blogspot, une plate-forme très facile d'utilisation. Dans mon premier article, j'explique pourquoi je me suis lancée dans le blogging. J'y raconte que j'aime la mode, la photo, la musique, et que j'ai envie d'en parler pour partager mes centres d'intérêt. Je publie ensuite des articles de mode, mes coups de cœur dans ce domaine et pour les collections, dans lesquels j'intègre les photos de mes soirées parisiennes, mais je ne fais encore aucune référence à ma vie personnelle.

COMMENT SE LANCER
DANS LE BLOGGING ?

Le blogging est avant tout une passion, une véritable envie de partager et d'échanger. Au démarrage, il ne faut pas voir cela comme un gagne-pain. Il faut que vos écrits soient sincères, réguliers, que votre design soit épuré, que vos photos soient en grand format et que l'orthographe soit irréprochable. Et, bien entendu, le plus important est de répondre à chaque commentaire sous vos posts. C'est l'essence même d'un blog.

Après cette « naissance » dans l'univers du blogging, je pars pour la Grèce pour des vacances en famille et, à mon retour, je décide de poster mes photos de vacances. C'est alors que je réalise que mes photos n'intéressaient pas que mon entourage et qu'elles commençaient à être visionnées par des *followers*. Bien sûr, mes copains se mettent à me taquiner sur la création de mon blog, dont ils ne comprennent pas tous l'intérêt, mais je ne le prends pas mal, ça fait aussi partie du jeu quand on s'expose sur les réseaux. De toute façon, je n'ai pas l'habitude de me plaindre et j'aime encore moins dévoiler mes faiblesses au regard des autres. Donc, sans m'arrêter à ça, je continue de tracer ma voie.

Durant mon temps libre, je me connecte et je rédige des articles sur les nouveautés mode, à l'affût desquelles je suis en permanence. Puis je décide d'alterner mes publications entre articles professionnels et moments de vie et, au vu des commentaires qui commencent à pleuvoir, je me rends peu à peu compte que ma vie personnelle fédère. C'est à ce moment précis, c'est-à-dire entre le troisième et le quatrième mois de blog, que j'ai senti que je déployais mes ailes, sans toutefois imaginer un seul instant que cette activité pourrait un jour générer des revenus.

Au mois de septembre, avec Guillaume, nous nous rendons à une soirée organisée par le *French Magazine*. Comme je suis joliment habillée pour l'occasion, je lui demande de prendre une photo de moi pour la publier sur mon blog ensuite. Je poste donc mon premier look en indiquant les marques des vêtements que je porte. L'article remporte un véritable succès (40 000 vues par jour !), suivi bientôt par plusieurs autres. Encouragée par ces résultats, j'ajoute une troisième partie récurrente à mon blog, intitulée « Looks », et je personnalise de plus en plus celui-ci, jusqu'à en faire disparaître le style journalistique. Je commence à être reconnue dans les endroits où je sors, et ma vie prend alors un nouveau tournant.

J'ai cédé…

22 juillet 2008

Blogspot m'a eu, qui l'aurait cru ?
Non, je ne suis pas exhibitionniste.

Mais je connais l'histoire… Comme souvent, j'embarque mon appareil photo avant les grands départs, "eh vas-y, je te shoote comme ci, comme ça, ta mère sur le transat qui lit Voici, ton mec au marché qui gratte l'amitié pour avoir une réduc sur le paréo qu'il va t'offrir, ta pote torchée se déhanchant sur une banquette, puis important : immortaliser le moment où sa langue s'aventurera dans le gosier du gossbo de la soirée … "

Et qui se coltine la sale tache d'exporter les 200 photos sur l'ordi, sélectionner celles qui concernent Jeannette, celles qui concernent Momo et les envoyer sur chaque e-mail parce qu'ils n'ont toujours pas capté le concept de download ? Ben, c'est moi.

Je rends donc service. Ne me remerciez pas, c'est un plaisir, vraiment !
Et plutôt que d'écrire mes quelques notes et de les garder tristement en stock, je les publierai les soirs de grande solitude seulement.

L'un de mes premiers articles sur mon blog.

2009, shooting pour Odetta Vintage. Crédit : Alexandra Chalaud.

L'un de mes premiers photoshoots en 2009, pour un concept store parisien.

4

MON ENVOL
SUR LA TOILE

Ma vie personnelle commence à trouver un écho chez mes *followers*, qui s'y intéressent, la commentent et la suivent régulièrement. J'introduis donc des photos de ma vie sociale : mes potes, mes soirées, mes vacances… L'engouement est tel que bientôt, ma communauté connaît par cœur le prénom de chacun des visages récurrents sur le blog. Je décide alors de poster des articles liés aux tenues que je porte suivis d'articles attachés à des moments de ma vie. Certains qualifieront mon blog de « mode » et d'autres de « *lifestyle* ».

C'est alors que sortent dans la presse ainsi que sur des chaînes YouTube, qui commencent à voir le jour, des interviews auxquelles je réponds. Le blogging fascine…

Comme le succès a sa rançon, il m'est de plus en plus difficile de mener de front mon activité professionnelle et l'alimentation de mon blog ; à ce moment-là, des marques me contactent pour m'offrir leurs produits en échange d'un article et ainsi débutent mes collaborations avec elles.

Je décide donc de me lancer à fond dans cette voie. Diego, de son côté, excelle – il a eu son bac avec mention et a fait de brillantes études à Londres –, alors que j'ai eu beaucoup plus de difficultés scolaires et que je n'ai pas d'aptitudes réelles pour les études, aussi j'ai besoin de créer quelque chose qui m'appartient en propre, qui est ma signature. Je prends le rythme de publier un article par jour, avec un shooting que j'organise à l'heure du déjeuner, grâce à l'aide de ma mère, mes frères, mon copain et mes amis, à qui je demande de tenir l'appareil photo. Je m'offre d'ailleurs un premier reflex, un Canon, grâce au salaire que je perçois en bossant chez ma mère.

J'apprends seule à faire les réglages ou encore à retoucher mes photos – les filtres n'existaient pas encore à cette époque. Je m'habille de la même manière que d'ordinaire, toujours avec cette touche qui m'est propre et qui a toujours suscité les compliments de mon entourage. Je n'ai absolument pas conscience du tournant qui est en train de se produire, aussi, naturellement, je reste la même, malgré la presse qui s'intéresse à moi ou les gens de plus en plus nombreux à m'arrêter dans la rue pour me féliciter.

Ce rythme dure un an. Je commence à demander des demi-journées à ma mère pour me rendre dans des showrooms, d'abord de temps en temps, puis de plus en plus fréquemment, car je privilégie dorénavant mon activité de blogueuse. Ma mère, heureusement, s'en réjouit pour moi et m'encourage dans cette voie. Tous les voyants sont au vert et je décide donc de m'inscrire sur Twitter ; nous sommes en 2009. Je m'en sers principalement pour relayer des articles publiés par des journalistes de mode ou encore mes propres articles publiés sur le blog. Au départ, je n'ai qu'une petite communauté française de lecteurs, ce qui ne m'empêche pas de beaucoup interagir avec eux. Puis, très vite, les visites viennent du monde entier. D'ailleurs, les États-Unis sont toujours le deuxième pays à me suivre, conséquence de la traduction anglaise que je prends le temps de rédiger sur mon blog et mes réseaux. Je continue à sortir énormément tout en faisant de moins en moins de piges pour les magazines. C'est alors qu'un site, Konbini, où travaille Guillaume à l'époque, qui ne produit que des programmes vidéo en ligne sur des sujets précis, me contacte afin que je réalise un sujet de mode par semaine à poster sur sa plate-forme ; elle est intitulée « *The Mode Intern* ». Dans cette chronique, je me mets en scène dans le rôle d'une stagiaire pas très futée qui découvre chaque fois une nouvelle branche de la mode. Cela m'offre également l'occasion de me familiariser avec plusieurs métiers. J'y suis successivement attachée de presse, photographe, journaliste de

COMMENT RÉUSSIR
SES PHOTOS ?

Les photos que vous allez mettre en avant seront la première impression qu'aura votre abonné. Il est nécessaire que celles-ci soient qualitatives : nettes, un environnement attractif pour l'œil de celui qui les consulte, des retouches uniformes d'une photo à l'autre, que l'on puisse immédiatement définir votre univers. Je recommande, si vous n'êtes pas le roi ou la reine de Photoshop ou de Lightroom, d'en faire le moins possible dans vos retouches. On assiste à un véritable retour de la photo non retouchée, d'ailleurs.

mode, et je me mets parfois à exagérer mon personnage pour faire rire les gens, jouant donc aussi un peu la comédie. Je me retrouve ainsi faisant mes premiers pas devant une caméra et j'en apprends les dessous du métier. Ces expériences sont très formatrices parce qu'elles m'initient aux différents métiers du digital. À vingt-deux ans, je me suis retrouvée avec une petite entreprise à gérer, car Konbini, très vite suivi par le Petit Paris, donne de la crédibilité à ce que je fais. Bien qu'à ce moment-là, je n'aie aucune velléité entrepreneuriale, cette situation me plaît énormément ; mais j'ignore où ça va me mener. La preuve en est que lorsqu'une amie de ma mère, numérologue de profession, annonce à celle-ci que l'un de ses enfants va connaître succès et notoriété, je suis persuadée qu'il s'agit de Diego.

Au bout d'un an de blog, nous nous séparons avec Guillaume. Pour me changer les idées – j'ai du vague à l'âme –, je pars en vacances avec Diego et tous nos potes, d'où je continue à poster mes photos, ce qui fonctionne formidablement bien ! Mais la rentrée arrive trop vite et je dois reprendre le boulot avec ma mère.

C'est alors qu'une première régie me contacte pour me proposer de mettre des bannières sur mon blog : je serai payée selon le nombre de vues et de clics sur cette même bannière. Quant à mes premiers articles demandés par les marques, je serai rémunérée entre 50 et 80 euros par article. Inespéré ! Mais là n'est pas encore le « grand tournant » pour mon blog.

Un jour, en effet, je reçois une offre de 300 euros de la part d'un e-shop pour un article, ce qui constitue le signe concret que je deviens cotée ! Do It in Paris, un site Internet, me propose ensuite de réaliser de petites vidéos à publier sur ma chaîne YouTube, tandis qu'ils les mettront en ligne sur leur site. Il s'agit cette fois du « grand tournant ». Je réalise donc une chronique que j'intitule « L'œil de Kenza », mes premières vidéos filmées avec une caméra Flip en « tourné-monté » sans montage et sans stabilisateur. J'y évolue face caméra dans des lieux publics parisiens où je me rends habituellement, tels Killiwatch, La Grande Épicerie du Bon Marché ou le Colombus Café de mon quartier dont je filme même les muffins devant sa devanture. Ce dernier m'offrira d'ailleurs, en remerciement, des muffins au chocolat disposés en bouquet dans une boîte…

Pour ce premier contrat, je présente dans chaque chronique un nouveau lieu par semaine. Ma méthode est simple : j'envoie un mail au staff de l'établissement ciblé pour leur proposer de réaliser une vidéo chez eux. Parfois, j'y vais au culot, en espérant ne pas me faire dégager. En réalité et sans m'en douter, je suis en train de mettre en place les prémices de mon métier d'influenceuse.

Quand je me remémore cette époque, je ressens une sorte de nostalgie, car tout y était à faire et à la fois tellement nouveau ! Nous étions alors très peu nombreux dans cette sphère, et les quelques influenceurs existants avaient un vrai statut de star. C'est d'ailleurs à ce moment-là que mes chroniques sur YouTube (les vidéos sont toujours sur ma chaîne) ont suscité un phénomène auquel je n'étais pas habituée et encore moins préparée : je ne pouvais plus faire un pas en soirée ou dans la rue sans être reconnue ou abordée. Ça me procurait une sensation excitante, mais je trouvais cela très bizarre en même temps. Je ne pouvais plus agir naturellement lorsque je faisais la fête avec mes amis, par exemple. Je me sentais observée. Je devais désormais faire attention à ce que je faisais, en toute circonstance, et je ne comprenais pas cet engouement pour une jeune fille qui postait simplement ses photos sur un blog. Mais avec le temps, ce phénomène a perdu de ses effets et je me sens heureusement plus libre de mes mouvements aujourd'hui. À présent, les gens me reconnaissent et ont la délicatesse de ne plus me filmer en cachette ou balancer un tweet pour dire que je fais mes courses dans tel ou tel supermarché. Il faut dire que nous sommes maintenant tellement nombreux à être très suivis sur les réseaux sociaux que je ne suis plus un cas à part !

LA NOTORIÉTÉ

J'ai toujours du mal à parler de « notoriété » en ce qui me concerne. Effectivement, se lancer dans cette aventure implique d'être visible et connue et/ou reconnue de beaucoup de personnes. J'ai d'ailleurs eu de gros soucis avec cette exposition, car certaines personnes réclament plus que du virtuel, encore récemment. Au départ, même si cela m'excitait beaucoup, je me suis très vite aperçue que je devais souvent contrôler mon attitude, faire attention à mes moindres gestes de manière à ce que cela ne soit pas mal interprété et que déferlent des critiques sur les réseaux sociaux. Afin de se préserver de personnes malveillantes, je recommande de ne pas publier en temps et en heure l'endroit où l'on se trouve. J'enregistre toujours mes vidéos et je les poste quelques heures après avoir quitté le lieu.

Néanmoins, c'est toujours un plaisir de vous croiser au détour d'une rue ou lors d'un événement organisé et de papoter avec vous. Je suis fière de la belle communauté que nous formons !

Festival de Coachella, en 2010.

Autre conséquence qui découle de cette notoriété : je me rends compte du bien que je peux faire à certains êtres en détresse, car je commence à tisser des liens avec des lectrices qui se sentent mal dans leur peau ou ont des problèmes personnels à résoudre. Auprès d'elles, je joue un rôle de grande sœur, de conseillère parfois aussi. Et c'est finalement tout ce que j'aime : échanger avec les gens et les fédérer. Tout ce que l'on m'aura reproché à l'école (mon bavardage intempestif) devient en réalité une force ! Je vais d'ailleurs nouer, *via* mon blog, quelques amitiés virtuelles qui dureront plusieurs années. Il y a cependant le revers de la médaille, comme dans le cas d'une lectrice dépressive qui se révélera pour moi difficile à gérer par la suite. Au début de notre relation épistolaire, elle m'envoyait des mails de détresse où perçaient des tendances très sombres, où il était question de suicide et de tout un tas de choses très lourdes à porter. Et puis, son état mental s'est probablement aggravé et elle s'est mise à envoyer des vidéos déplacées (à tendance pornographique) à mon copain. Un exemple parmi d'autres de cas pénibles que l'on s'expose à rencontrer quand on fait ce métier.

« ET C'EST FINALEMENT TOUT CE QUE J'AIME : ÉCHANGER AVEC LES GENS ET LES FÉDÉRER. »

C'est justement ce même copain que le hasard place sur ma route, quelques mois après mon retour de vacances, par le biais d'un ami commun, en octobre 2009. Je retire de cette rencontre une impression très mitigée, mais au-dessus de laquelle plane, malgré tout, quelque chose qui me donne envie d'en savoir plus. C'est un très beau garçon plein d'idées et à l'intelligence très vive. Nous devenons vite amis, puis un couple. À l'époque, ayant participé à un programme télévisé, il est également pas mal suivi sur Twitter. Je vais beaucoup (trop) m'investir dans cette relation, mais les choses dégénèrent rapidement ; tout nous attire l'un vers l'autre mais nos principes sont fondamentalement opposés, nous n'avons pas la même perception d'une relation amoureuse.

Quelques semaines plus tard, notre histoire prend fin subitement dans des circonstances assez sombres, sans même que nous nous soyons parlés face à face. Je suis dévastée et je m'en veux de m'être lancée dans une telle histoire, car je suis déjà très amoureuse et mon ego s'en retrouve bien ébréché. Mais un mois plus tard, je reçois un appel masqué : mon ex m'annonce son retour à Paris et me donne rendez-vous dans un café. Notre histoire repart de plus belle...

Ma carrière, quant à elle, franchit un nouveau palier, car j'effectue mon premier shooting photo pour un article sur la « Génération Beautystas » dans le magazine *ELLE*. J'y figure en pleine page. J'y aborde mon blog et mes produits de beauté favoris. De cette journée, je garde un souvenir de pur bonheur, j'ai réussi à accomplir un véritable exploit : avoir mon portrait dans le magazine *ELLE*, celui auquel nous sommes abonnées de génération en génération. Une consécration !

Vient ensuite le festival de Coachella, en 2010, auquel nous nous rendons avec mon frère Diego et nos conjoints respectifs. Bien que ce festival ne soit pas encore très populaire en France, nous en retirons un souvenir hors du commun. J'organise des « twitcam » (devenu « *live stories* » aujourd'hui sur Twitter), une série de reportages quotidiens pour débriefer à ma communauté mes journées outre-Atlantique, ce qui remporte un gros succès et me vaut une recrudescence de nouveaux lecteurs sur le blog. Ce dernier progressant vraiment très vite et me demandant de plus en plus de temps, je prends alors la décision de quitter le bureau de ma mère. Elle réagit bien et me dit même qu'elle s'en réjouit pour moi, compte tenu des bases solides que j'ai acquises chez elle. Mon agenda se remplit de plus en plus. J'ai des rendez-vous avec des marques, de nombreuses séances de shooting et beaucoup de rédactionnel à produire. J'arrive à gagner aux alentours de 1 000 euros par mois tout en travaillant énormément.

Côté cœur, mon histoire déclenche mon départ du cocon familial, bien que j'aie la vague impression de commettre une erreur car nous sommes dans un schéma d'histoire passionnelle et destructrice. Mais je suis « follement » amoureuse et j'ai besoin d'aller au bout des choses. À vingt-deux ans, je décide de m'installer avec lui dans un joli petit appartement. Dans l'euphorie de la nouveauté, nous repeignons l'intérieur avec des potes en quelques jours et nous nous y installons enfin. Nous interagissons beaucoup, parce qu'il est aussi créatif qu'imaginatif et que son activité est également liée au digital.

Dans les premiers temps, notre relation est au beau fixe et notre statut de couple « médiatisé en ligne » est connu de tous ceux qui nous suivent. Notre cohabitation est pourtant houleuse même si, par moments, tout se passe calmement, mais les choses vont se gâter progressivement...

Notre relation devient de plus en plus compliquée. La tristesse que je retirais de nos rapports se transforme en épuisement moral face à ces conflits incessants. Heureusement, mon blog m'accapare beaucoup et me distrait de cette atmosphère lourde, tout en m'obligeant à sortir pour me faire découvrir de nouvelles choses. Je donne ainsi l'image de quelqu'un à qui tout sourit tandis qu'en réalité, c'est le contraire qui se produit. On me donne alors souvent le surnom de Poker Face.

Cependant, mes proches ne s'y trompent pas. Et comme si tout cela ne suffisait pas, le côté « nocif » des réseaux sociaux commence à m'atteindre, car je reçois de plus en plus de messages n'allant pas dans le sens de mon couple. Je suis trop souvent préoccupée, ce dont s'aperçoit ma mère, qui me connaît mieux que personne. Un jour, elle me dit que cette relation va me mener « droit dans le mur » et n'hésite pas à employer le terme « éteinte » pour me qualifier. Mais je ne peux m'empêcher de lui répondre que c'est précisément dans ce mur que j'ai envie d'aller. J'étais déterminée, comme à mon habitude.

Heureusement pour moi, l'horizon n'est pas aussi noir que je me le figure à ce moment-là, et l'éclaircie dans mon existence va se produire grâce à mon univers professionnel, plus exactement grâce à ce que j'ai réalisé à Coachella et qui, à mon insu, va se transformer en un formidable tremplin.

Chronique « The Mode Intern » sur Konbini.

Campagne aux côtés de mon amie Margaux Lonnberg pour les dix ans de la marque Ba&sh (crédit : Sylvie Lancrenon), en 2014.

5

UNE PÉRIODE **CONTRASTÉE**

La série de vidéos publiées sur Twitter et sur YouTube lors de Coachella 2010 remporte donc du succès, mais un succès dont je suis loin de me douter de l'importance et, surtout, des conséquences qu'il aura pour ma carrière. À l'époque, les blogs de mode émergent lentement et comportent peu de vidéos de voyages avec du « *lifestyle* » et des bandes de potes en vacances. Ces premières vidéos de Coachella comptent parmi les premiers « vlogs ». Elles ne possèdent pas de qualités techniques, ne sont pas montées, mais sont publiées quotidiennement, accompagnées d'un *Live Tweet*. Résultat : chaque jour, j'enregistre cinquante mille vues sur mon blog et mes vidéos ! C'est alors que je me rends véritablement compte que je suscite de l'intérêt chez des milliers de gens.

Ce rendez-vous quotidien que je partage avec eux les amène à rêver – ou correspond peut-être à leurs aspirations, qui sait ? – et les sort de leur existence routinière. Grâce à Coachella, grâce à la bande que nous formons tous les quatre, sans m'en rendre compte, ayant agi par instinct, je viens de cibler une nouvelle communauté ; c'est en tout cas ce que me renvoie cet afflux de *followers* que j'enregistre sur mon blog. Et à partir de là, en 2010, sur le plan professionnel, tout va changer pour moi.

COMMENT RÉALISER
UN VLOG ?

Pour réaliser un vlog efficace, il faut concentrer le maximum d'informations en un minimum de temps. Un vlog trop long est ennuyeux. Idéalement, il faut que celui-ci dure 10-15 minutes, maximum 20 minutes. Il faut que la vidéo soit nette, que le montage soit dynamique – c'est d'ailleurs celui-ci qui va donner le ton au vlog – mais, surtout, qu'il soit authentique. On ne recherche pas une vidéo impeccable. On veut de la caméra embarquée et si, de temps en temps, le cadre bouge, ce n'est pas grave.

Photo postée sur le blog, en 2010.

Côté cœur, tout part à vau-l'eau. Mon couple est sur la pente descendante et je suis tellement fatiguée de toutes ces discussions sans fin, pour tout et rien, que lorsque j'évoque ma première invitation au Festival de Cannes en 2011, je comprends rapidement qu'il va falloir que je décline ; notre relation est bien trop fragile, il manque de confiance en moi et dans notre situation, je dois sans cesse tenter de rassurer mon conjoint.

Parallèlement se présente une opportunité qui va orienter toute ma carrière à venir : je suis contactée par les journalistes de l'émission *Capital* (M6) pour répondre à une interview sur le business des influenceurs, en tant que première du genre. À cette occasion, *Capital* me filme en situation de travail, en détaillant mon quotidien ainsi que ma démarche d'influenceuse. Bien qu'avec le recul, je pense que traiter ce sujet à ce moment-là était bien trop prématuré, je ne peux que constater l'impact que j'en ai alors retiré : après sa diffusion, le nombre de visites sur mon blog et mon compte Twitter a considérablement augmenté. À cela s'ajoutent les mentions sur Twitter, ainsi que le volume énorme de notifications. Quant à ma vie quotidienne, elle s'en trouve, du jour au lendemain, complètement transformée, plutôt pour le meilleur, mais parfois aussi pour le pire. Je suis reconnue par les gens dans la rue et quand je prends le bus ! Revers de la médaille, je m'aperçois, *via* les commentaires postés sur Twitter et qui tournent parfois au harcèlement, que mon activité suscite un regard malveillant de la part de certaines personnes. Ayant commencé à faire du *community management* pour quelques marques ou sites web, je leur apparais comme quelqu'un qui fait indûment de l'argent en se donnant seulement le mal de porter des fringues ou de prendre des photos, ce qu'elles n'acceptent pas. Du côté des blogueuses, il y a deux camps : celles qui me remercient d'avoir désacralisé ce sujet de la rémunération méritée d'un influenceur et celles qui considèrent que la « compromission » avec le business entache leur passion. Face à ce rejet, j'en arrive à la conclusion dérangeante qu'en

LES *HATERS*

Deal with it ! Lorsque l'on s'expose, il faut avoir conscience que l'on peut attirer autant de haine que de bienveillance. Il est parfois difficile de ne pas tenir compte de certains propos, mais ma règle d'or a toujours été de ne jamais répondre ou de me justifier de quoi que ce soit afin de ne pas donner plus de visibilité à un débat qui n'a pas lieu d'être.

France, le travail se doit d'être pénible si l'on veut qu'il soit respecté et qu'il y est mal accepté que l'on puisse gagner de l'argent grâce à sa passion. Cela relève presque de la morale…

Autre conséquence peu agréable de l'émission de M6, j'écope de mon premier contrôle fiscal en 2011 ! J'ai rendez-vous avec trois fonctionnaires qui forment la nouvelle cellule dédiée au contrôle des contribuables qui gagnent leur vie grâce à Internet. J'en tire l'amusement d'être pratiquement l'un de leurs premiers cobayes, et le gros désagrément d'être obligée de leur fournir mes relevés bancaires sur plusieurs années… Heureusement, tout se passe bien, ma mère a fait du bon boulot en me guidant quand je travaillais à ses côtés et ma comptabilité est nickel.

C'est aussi à cette époque que je rencontre ma première agente. Une femme entreprenante, qui a monté son agence dont l'objectif est de représenter des influenceurs et des blogueurs. Elle me donne rendez-vous au café Étienne Marcel et me propose de me représenter. Or, à ce moment-là, j'estime que je me débrouille très bien toute seule et que je n'en ai donc pas besoin. Mais nous restons en contact et après réflexion, je signe un contrat avec elle, ce qui a pour conséquence de renforcer l'assise de mon entreprise.

Quant à mon histoire d'amour, elle constitue alors la face sombre de mon existence de cette époque, et l'anxiété qu'elle engendre chez moi me fait sacrément gagner en patience. Heureusement, grâce à ma solide éducation, qui m'a donné une grande confiance en moi, grâce également au succès que je rencontre dans ma vie professionnelle, je me sens malgré tout très vivante par moments, épanouie de ce côté-là, et je me sens pousser des ailes. C'est ce qui m'aidera à ne pas m'enfoncer d'autant plus. J'ai l'impression qu'il faut toujours une première histoire de ce type dans une existence pour véritablement savoir ce dont on a besoin, mais surtout ce qu'on ne veut absolument pas.

Ainsi, il faut mettre un point final à ma vie de couple. Dans un réflexe de protection juste après une énième dispute, je téléphone à ma mère pour lui annoncer que je rentre à la maison. Je m'étais promis de ne jamais le faire et que le jour où je le ferais, il n'y aurait pas de retour possible. Ce moment-là était arrivé.

Je suis sûre de moi et l'expérience m'a appris que si je restais, la situation ne pourrait que dégénérer. Ressentir la crainte dans son couple ne devrait jamais arriver et ce stade-là était largement dépassé.

Cette rupture a été la plus difficile que j'ai vécue, car malgré tout, je quittais mon appartement au bout de six mois et la personne avec qui je me projetais, non pas parce que je le souhaitais, mais parce que je n'avais plus d'autres options et qu'en fin de compte, je devais me préserver avant tout. Quelques mois plus tard, la vie fait que nous nous retrouvons, éloignés de Paris, et nous renouons le temps de quelques jours. Au fond de moi, et malgré ce que m'a fait endurer notre non-compatibilité, je ne peux m'empêcher d'avoir un instinct de protection à son égard et un reste d'amour à consumer. Le retour à Paris est très dur, mais je me console avec la satisfaction de me dire que je suis allée au bout de notre histoire. Je sais qu'elle est définitivement close. Chaque matin, je me dis que c'est un pas de plus vers une nouvelle trajectoire qui m'éloigne des moments difficiles que j'ai pu vivre, un bonheur total même ; je suis de nature optimiste et sacrément bien entourée.

Heureusement, au début de l'année suivante, j'entame une nouvelle dynamique. Je commence par décorer mon petit appartement, dans lequel je me sens comme dans un cocon. C'est la première fois que je vis seule, livrée à moi-même, ce que je mets à profit pour me concentrer sur ma vie professionnelle. Je m'occupe aussi de moi, je prends des cours de sport, j'entretiens ma forme et recommence peu à peu à me sentir bien. Un jour, je suis contactée par un photographe pour effectuer un photoshoot de nuit. J'aime bien son univers et j'apprécie son travail. Nous échangeons longuement afin de m'assurer qu'il ne s'agit pas d'un traquenard, et je me lance dans cette collaboration.

QU'EST-CE QU'UN **VOYAGE DE PRESSE ?**

Un voyage de presse est un déplacement auquel vous êtes convié par une marque, afin que celle-ci vous embarque dans son univers le temps de quelques jours. L'idée est de pouvoir communiquer à vos *followers* l'expérience que vous êtes en train de vivre, liée à la marque. Certains de ces voyages sont rémunérés, d'autres non.

Le courant passe bien entre nous – je me sens tellement libre, indépendante, je ris comme je n'avais pas ri depuis longtemps –, et après ce shooting en cette soirée d'hiver, nous entrons dans le premier bar venu nous réchauffer et boire des verres autour d'un billard. Les photos sont postées sur mes réseaux et rencontrent un franc succès. Puis arrive ce qui devait arriver : nous entamons une (courte) histoire d'un mois et demi qui me fera beaucoup de bien. Une petite idylle digne d'une comédie romantique. Il est doux avec moi, ouvert d'esprit, tolérant, et il me respecte, un véritable gentleman... Malheureusement, je me rends bien compte que je ne suis pas prête à me lancer dans une histoire plus sérieuse, je ne suis pas guérie de ma précédente relation. Et, surtout, j'ai besoin de me redécouvrir, seule, d'être en paix avec moi-même pour être bien avec quelqu'un. Nous continuerons à faire des photos ensemble plus tard malgré tout.

Célibataire à l'aube de 2012 – j'ai bientôt vingt-quatre ans –, j'entame alors une sorte de « spirale vertueuse » au cours de laquelle je découvre ce que signifie l'indépendance, de se retrouver seule avec soi-même ; j'en retire un véritable bien-être, une sérénité qui m'épanouit sur le plan personnel. D'un point de vue professionnel, c'est aussi la spirale ascensionnelle car mon blog prend une belle ampleur. C'est la période au cours de laquelle j'effectue mes premiers voyages de presse importants,

Campagne pour Motorola, en 2012.

pour Levi's aux États-Unis, Kenzo en Argentine, et une campagne pour Motorola à Paris – à cette occasion, mon visage sera affiché sur une énorme bâche tendue sur l'esplanade de La Défense et dans le métro parisien.

Je recommence à sortir dîner et en soirée avec mes amies, mon solide noyau, je suis donc invitée à voyager et j'assiste à plein de concerts avec mon amie Coralie, dont le soutien m'a été précieux durant ma difficile rupture. C'est d'ailleurs l'une des rares choses que je ne peux abîmer : mes liens avec mes amies, l'un des piliers de mon existence. Parallèlement à ces fortes amitiés, je développe une vraie petite famille dans le digital, animée par la même motivation : nous avons tous envie que ça marche ! J'évolue donc dans une ambiance excitante tout autant que stimulante, ce qui me permet de tourner définitivement la page de mon récent passé amoureux.

Et puis je décide de repartir pour Coachella avec Diego et sa chérie de l'époque, India (ma grande amie, la même qu'en 2010). Je n'y réaliserai pas de twitcam car ça n'existe plus, et Instagram est arrivé dans nos vies. D'ailleurs, je m'y suis inscrite dès sa création, comme beaucoup de blogueurs. Quant à mon blog, je commence à constater une baisse du nombre de ses visiteurs, mais ce déclin est compensé par leur afflux sur Instagram, comme s'il s'agissait d'un phénomène de vases communicants.

CONSTRUIRE
UNE COMMUNAUTÉ SUR INSTAGRAM

Tout comme pour le blog, il faut avant toute chose que l'envie de publier sur Instagram ne soit pas motivée par le gain d'argent. Il faut que vos abonnés soient très vite attirés par votre feed, en un coup d'œil, que celui-ci ait une véritable ligne éditoriale aussi bien dans la retouche des photos que dans les légendes que vous proposez. N'hésitez pas non plus à répondre aux commentaires. Je pense que forcer les choses en proposant des concours à outrance et en postant des commentaires à tout-va chez les autres peut être mal perçu. N'oubliez jamais que ce que les abonnés recherchent, c'est la sincérité de votre démarche.

Ma collaboration avec l'agence qui me représente se passe bien et mon agente me réserve une écoute attentive. Elle fait à présent partie de ma vie. Il y a cependant un bémol : plusieurs filles qui travaillent avec cette agence me mettent en garde

Tournage pour Yves Saint-Laurent Beauty, en 2012.

face aux agissements de nos représentants et de leur manque d'honnêteté. On me rapporte que l'agence a tendance à minimiser les budgets qu'elle présente aux influenceurs afin de toucher un pourcentage plus important. Je devrais donc m'en méfier, apparemment.

Ma présence sur Instagram finit par me desservir, car la communauté qui me suit sur mon blog préfère désormais scroller l'application sans lire mes articles. Je me retrouve ainsi réduite à faire ce que tout le monde peut faire : poster uniquement des images et plus du tout de textes, ce qui me frustre car cela m'empêche de démontrer ce que je sais réellement faire. Quant à mon blog, il fonctionne toujours, mais je l'alimente moins. Ces évolutions sensibles me font prendre conscience de la diversification rapide des réseaux sociaux. C'est pourquoi je décide de créer mon compte sur Pinterest, et j'ai la bonne surprise de constater qu'entre deux et trois cent mille personnes m'y suivent rapidement.

Mais à ce moment-là, en 2012, c'est du côté de mon agence que les choses bougent le plus pour moi. Elle s'associe en effet au groupe L'Officiel pour créer

L'Officiel New Talent, un magazine dont la vocation est d'être géré par des blogueuses. Nous (blogueuses représentées par l'agence, donc) participons à plusieurs réunions à L'Officiel, au cours desquelles chacune doit proposer des sujets de son choix. Le mien a trait à la musique, et plus précisément au groupe 1995, un groupe de rap au flow teinté d'influences *nineties*. Je réalise donc une interview – qui prend un aspect très mode – de ses membres (Nekfeu et Sneazzy, entre autres) et un shooting dont je fais la direction artistique. Le magazine, qui voit le jour quelques mois plus tard, constitue une belle expérience, première du genre, car à l'époque, les *squads* de blogueuses n'existaient pas et il n'était jamais arrivé que la presse fasse appel à elles, preuve significative de leur impact naissant. L'essai ne sera pourtant pas renouvelé, ce qui ne m'affecte pas car j'ai alors plein de jolis projets qui commencent à poindre.

« CES ÉVOLUTIONS SENSIBLES ME FONT PRENDRE CONSCIENCE DE LA DIVERSIFICATION RAPIDE DES RÉSEAUX SOCIAUX. »

Côté cœur, il se passe à nouveau quelque chose : au mois de mai, je sors avec Baptiste, un youtubeur bien connu du grand public qui fait partie de la première génération d'humoristes sur cette plate-forme – il a fondé « 10 minutes à perdre » avec son binôme. Nous nous connaissons depuis longtemps et, jusque-là, nous n'avions fait que nous croiser. En fait, nous nous découvrons beaucoup de points communs, entre autres la création de notre propre contenu digital et d'être fous de hip-hop. Cette passion nous rapproche au point de nous donner le thème de nos premiers rendez-vous, des concerts intimistes où par exemple Dee Nasty et Bambaataa se produisaient. Au début, chacun vit chez soi, mais tout se passe tellement bien que sept mois plus tard, nous décidons de nous installer ensemble. Mais, peu avant, survient un épisode qui va laisser des traces.

Un soir de décembre de cette année, je rentre chez moi après un dimanche passé en famille et je me fais agresser dans le hall de mon immeuble : deux mecs, surgissant de nulle part, me braquent avec un pistolet sur la tempe et me prennent absolument tout (sauf l'appareil photo que j'arrive à planquer, ouf) ! La première frayeur passée, je retrouve progressivement mon calme et leur donne tout ce qu'ils me demandent. Ils me laissent partir, prenant la fuite de leur côté. Traumatisée, les jambes flageolant, j'atteins pourtant mon étage et vais sonner chez les voisins car je suis totalement sous le choc. Ils me réconfortent et je téléphone alors à ma mère que j'ai quittée trente minutes auparavant, laquelle appelle Baptiste. Nous fonçons au commissariat du quartier pour déclarer l'agression. Mais l'incident ne me laissera pas indemne et je commence à avoir peur, car j'ignore s'il s'agit d'une attaque personnelle et ciblée ou si elle est le fruit du hasard. Quoi qu'il en soit, il est clair que je ne veux plus continuer à vivre ici. Et ça me rend malheureuse, car je ne suis pas prête à quitter cet appartement, qui symbolise pour moi le bonheur que j'ai éprouvé à vivre seule pour la première fois de ma vie et qui m'a démontré que je pouvais puiser en moi seule des ressources que je ne soupçonnais pas.

Tandis que nous cherchons un appartement à partager, Baptiste et moi apprenons que mes agresseurs s'en sont pris à dix jeunes filles en quatorze jours, ce qui, paradoxalement mais malheureusement, me rassure car je réalise que derrière mon agression ne se cache aucun motif personnel. Nous trouvons un appartement supermignon rue de Turenne, en face de mon ancienne école primaire, et j'interprète ça comme un signe – j'ai tendance à voir des signes partout –, le présage que je vais y entamer une existence très agréable. Nous nous y installons donc tout en engageant une relation fondée sur l'entraide et la complémentarité. Baptiste rencontre beaucoup de succès dans ce qu'il entreprend et me tire ainsi vers le haut, car c'est quelqu'un de bien dans sa peau. Avec lui, j'ai le sentiment

LES DIFFÉRENTS **RÉSEAUX SOCIAUX QUE J'UTILISE**

Je suis active sur absolument tous les réseaux sociaux : mon blog, Instagram, Twitter, Facebook, TikTok, Pinterest, Snapchat. En revanche, je m'adapte à chacun de ces réseaux pour éviter de communiquer exactement les mêmes choses sur l'un et sur l'autre. Les tranches d'âge des communautés varient selon les réseaux, donc les centres d'intérêt diffèrent. Aussi est-il très important de cibler ce qu'attendent les abonnés d'un réseau social plutôt qu'un autre. Par exemple, entre Facebook et Instagram, mes photos et mes légendes sont différentes. Sur Instagram, mes légendes sont souvent en anglais car j'ai une grande communauté américaine ; alors que sur Facebook, ma communauté est essentiellement française, plus âgées, et la majorité ne parle pas anglais, je poste donc en français.

Juillet 2013 dans le quartier du Marais.

de vivre une existence épanouie : c'est le mec parfait, voire « le mec à épouser » ! Nous évoluons dans le même milieu, avons des amis communs que nous recevons à la maison… Tout cela est si nouveau pour moi que j'ai l'impression d'être entrée dans une nouvelle ère, une ère aux horizons radieux. Notre relation est saine, j'ai vingt-cinq ans et tout me sourit.

Bathroom selfie, en 2020.

6

MES EXPÉRIENCES
TÉLÉ ET LE CARITATIF

Le succès de Baptiste allant en grandissant, il est peu à peu amené à faire basculer ses activités du web à la télévision. Et, bientôt, les émissions qu'il réalise sont diffusées sur Canal+. De mon côté, je suis aussi contactée par la télévision, qui s'intéresse à mon blog et à mes activités d'influenceuse. La téléréalité m'a également sollicitée à de nombreuses reprises pour participer à des émissions, mais j'ai systématiquement décliné leurs offres. Par ailleurs, plusieurs maisons de production me proposent de retranscrire mon blog à la télévision, entre autres, et un beau jour, l'une des grandes chaînes, qui ne fait pas partie du service public, me contacte directement pour me faire une proposition : elle aimerait que je me joigne à l'équipe de chroniqueurs d'une nouvelle émission. Je trouve l'offre très intéressante et commence alors pour moi une période d'intense collaboration avec la chaîne pour la mise au point de ma chronique, de nombreux allers-retours de mails, appels et entrevues. Je finis par trouver le nom de ma chronique, qui sera validé par mes interlocuteurs. L'équipe étant formée, je me prépare à participer au premier enregistrement..., avant de recevoir, la veille à minuit, un message du producteur annulant ma participation sans autre explication ! Une fois ma première surprise passée, je suis sidérée par une telle désinvolture – pour ne pas dire plus – et ne compte pas en rester là. Tôt le matin suivant, je lui envoie un mail pour l'avertir que je tiens quand même à me rendre dans les locaux de la chaîne, ne serait-ce que pour obtenir un éclaircissement sur les raisons de sa décision, ce dont il me dissuade alors par téléphone, en me proposant d'aller boire un café ! Ah... Un café, vraiment ? Comment aurais-je dû l'interpréter ? Ma collaboration avec cette chaîne s'est arrêtée là, ce qui m'a laissé un goût amer dans la bouche, car j'ai eu la désagréable impression d'avoir été manipulée comme un pion, sans même mentionner l'absence totale de considération pour le travail que j'ai fourni, ni le fait de n'avoir jamais reçu la moindre explication motivant ce plantage. Et le comble, c'est que ce sont eux qui sont venus me chercher au départ ! Il paraît que le monde de la télévision est comme ça, mais je ne suis jamais allée toquer à leur porte, je suis totalement indépendante et libre dans la création de mon contenu sur Internet. Ces gens-là avaient désormais ma chronique entre les mains et, sans que je sache ce qu'elle allait devenir, j'ai été subitement remerciée après des semaines d'étroite collaboration.

Heureusement, je suis de nature à rebondir dès que je prends un coup et d'autres projets m'appellent, dont un que j'affectionne particulièrement, puisqu'il s'agit d'un projet caritatif avec l'association Les Papillons de Charcot. Fondée en 2006 par une poignée de malades accompagnés de leurs proches, l'association a pour but de rompre l'isolement des personnes atteintes de la maladie de Charcot. Pour l'aider, je crée une collection capsule avec la talentueuse créatrice Lora Folk, à laquelle je consacre un shooting et qui est mise en vente *via* mon blog, sur un e-shop. Les bénéfices de l'opération sont reversés à l'association.

Mais là ne s'arrête pas l'aventure : je rencontre des membres du studio Mowdjo – une boîte de production qui monte considérablement en puissance à ce moment-là –, avec qui je vais réaliser un clip au bénéfice de l'association, *Happy for Charity*, un *remake* du clip *Happy* de Pharrell Williams, tourné notamment avec des personnalités de la nouvelle scène artistique parisienne (Baptiste Lorber, Kevin Razy, Mister V, Marie Papillon, et d'autres). Pour chaque partage de la vidéo, 1 euro sera reversé aux Papillons de Charcot. Si je tiens tant à ce projet, c'est que j'ai perdu ma grand-mère maternelle de la maladie de Charcot peu de temps auparavant. J'étais extrêmement proche d'elle et tout est allé très vite. Je n'avais jamais entendu parler de cette maladie et ce projet était aussi une manière de faire connaître la maladie à ma communauté et à celles de mes acolytes qui ont bien voulu jouer le jeu en apparaissant dans ce clip. J'avais rencontré l'équipe du studio Mowdjo quelques mois avant, au printemps 2016. La boîte recherchait alors trois jeunes femmes pour faire du skate dans un clip vidéo, et

COMMENT SE LANCER
DANS UN PROJET SEULE ?

Ne pas hésiter ! Cela peut faire peur, mais la peur est un sacré moteur pour atteindre ses objectifs. Il faut simplement essayer d'en faire bon usage. Et si cela ne fonctionne pas, il ne faut jamais hésiter à recommencer, peu importe ce que l'on vous dira.

j'ai été contactée avec mes amies Margaux Lonnberg et Sarah Makharine pour m'associer au projet. Il s'agissait de parcourir la Normandie en voiture pendant trois jours pour y tourner le clip *Moments* de The Supermen Lovers, avec les garçons de l'équipe de Mowdjo. Emballée par la perspective, j'accepte et nous voilà partis sur les routes pour un tournage dans des conditions *freestyle* : nous passons nos journées en voiture, faisant tant bien que mal du skate à chaque arrêt, pour tous nous retrouver, le soir, dans des gîtes où nous dormons sur des lits superposés. Outre mon amitié avec Sarah et Margaux qui en sort renforcée tant nous nous sommes amusées, j'éprouve un vrai coup de foudre amical pour les mecs de la boîte de production, desquels je reste très proche. À leur contact, je ressens une énergie hypercréative.

« JE SUIS EN ACCORD AVEC MOI-MÊME ET AVEC MES CHOIX. »

De retour à Paris, je les retrouve pour des apéros et sors beaucoup avec eux. Ils font partie d'un univers qui me passionne – celui de la musique – et dans lequel j'ai toujours eu le fantasme de travailler. Et puis notre vidéo caritative fait un véritable carton. Je suis alors ravie, car ce projet a réuni tout ce que j'aime : le digital, des artistes et des amis. Il a réalisé un mix entre influence, musique, image et cause caritative, ce que je ressens comme ultra-épanouissant. Grâce à ce clip, nous récoltons 3 600 euros pour Les Papillons de Charcot, auxquels s'ajoutent dans la foulée 3 000 euros récoltés auprès du BHV Marais.

À ce moment-là, le BHV cherchait à construire une image pour son enseigne du Marais et était à la recherche d'une personnalité vivant dans le quartier. Ils m'ont donc proposé de devenir l'ambassadrice de cette campagne. J'en souris, moi qui ai passé ma jeunesse dans ce bâtiment, tant au sous-sol, au rayon bricolage, avec mon père, que dans les étages à la recherche des fournitures scolaires avec ma mère. C'est aussi à cette époque que je réalise la campagne avec Motorola que j'ai déjà mentionnée. Il s'agit de l'un de mes gros projets d'association d'image et ce sera ma première opération hors digital. Relayée par la presse et l'affichage, la campagne se révèle énorme et je me rends compte que ça y est, les marques commencent à prendre au sérieux les influenceurs digitaux, jusqu'à leur faire confiance, hors Internet.

COMMENT TROUVER
SON ORIENTATION ?

N'écoute que toi ! C'est le seul conseil que je peux donner et auquel je crois véritablement, après plusieurs années de doutes quant à mon avenir professionnel. Notre instinct est bien plus développé que n'importe quel type de formation ou de modèle à suivre.

Ces expériences me prouvent que je ne fais jamais rien de mieux que ce qui me plaît, quand je suis en accord avec moi-même et avec mes choix. Et en particulier dans le domaine de la mode. C'est ainsi qu'en 2014, par exemple, je réalise une pièce unique pour Eleven Paris. J'adore leurs équipes de création, avec lesquelles on organise plusieurs séances de travail et qui me laissent totalement libre dans mes choix. De leur côté, elles s'occupent des dessins et des assemblages. Je leur propose donc une combinaison au motif zellige (un motif marocain), qui a remporté un certain succès si l'on en croit l'affluence lors de la soirée de lancement dans leur boutique de la place des Victoires. J'ai en revanche très souvent refusé de participer à des collections capsules, car je n'ai jamais eu envie de papillonner de marque en marque, encore moins de donner l'image d'une blogueuse qui se vend au plus offrant. Chaque fois que je m'engage avec une marque, c'est parce qu'elle me ressemble vraiment. C'est le cas pour Lora Folk – une marque que j'adore, avec laquelle j'ai monté un projet confidentiel en travaillant sur des matières que j'aimais – et pour Eleven Paris, pour qui je n'ai réalisé que la pièce unique en lien avec mes origines marocaines.

Sur ces différents projets, j'ai eu la chance d'être très bien relayée par la presse. C'est sans doute parce que je me suis toujours bien entendue avec les journalistes, avec lesquels je suis, en général, en très bons termes. J'ai conscience de faire partie des rares influenceuses qui figurent souvent et régulièrement dans les médias, que ce soit dans la presse écrite ou dans les émissions télévisées, ce qui est aussi dû au fait que j'ai été l'une des premières à m'exprimer sur l'existence des blogueuses, avantage qui m'a conféré, vis-à-vis de la presse, un statut et une crédibilité d'« ancienne ». J'ai d'ailleurs effectué un bon nombre de voyages de presse aux côtés de journalistes, ce que j'ai toujours apprécié, contrairement à certains d'entre eux. Je me souviens notamment d'un voyage pour une marque de cosmétique en 2017 au cours duquel la rédactrice en chef de la rubrique Beauté d'un magazine s'était plainte ouvertement que l'on mélangeait les journalistes et les blogueurs. Des confrères se sont alors joints à elle et ont fait pression sur les attachés de presse et les organisateurs pour que l'on soit désormais séparés... Absurde.

Puisque j'évoque mes relations avec la presse, je me rends compte que c'est parce que je me suis mise à côtoyer ce milieu très tôt dans ma carrière que j'ai acquis une plutôt bonne expérience face aux médias, et plus précisément la télévision. Ce qui me permet, par exemple, de composer avec les questions pièges et d'éviter de me retrouver dans des situations gênantes. Il faut dire que dès 2010, j'interviens plusieurs fois dans une émission fondée par Mademoiselle Agnès – *L'Émission Mode* – sur Filles TV, pour Lalala Productions. J'y présente des looks et aborde différents sujets

Ma combinaison créée avec Eleven Paris, 2013.

ayant trait à la mode. Je suis immédiatement très à l'aise dans cet univers et avec ce genre de rubrique, et je vis l'expérience comme un challenge très cool. Depuis, j'interviens souvent sur des plateaux de télévision, essentiellement pour témoigner sur la nature de ma carrière d'influenceuse, et notamment sur la rémunération, sujet que je considère naturel d'aborder sans tabou. À la suite du tollé provoqué par le reportage que m'avait consacré *Capital* – je pense ainsi apporter un crédit à ce métier qui en est alors à ses débuts –, je décide de répondre à cette question : « Et alors, combien gagne une blogueuse/influenceuse ? »

Je suis donc fréquemment invitée sur des plateaux de télé, ou bien j'apparais dans des reportages, notamment aux *20 Heures* de TF1, de France 2 ou de M6, toujours pour parler du business de l'influence afin d'expliquer comment cela fonctionne. Sauf une fois : en 2015, en effet, j'ai été contactée par l'émission *Quotidien* pour parler du cancer du sein, à l'instar de plusieurs personnalités telles que Micky Green, Chantal Thomas ou Yelle ; pour l'occasion, BETC et Carte Noire avaient décidé de produire une vidéo pour inviter les jeunes femmes à se faire dépister. Invitée sur le plateau, je me suis donc retrouvée « les seins à l'air » cachés par des gyrophares pour la bonne cause. Un souvenir très fort et une intervention télévisée qui changeait de ce que j'avais pu faire jusque-là.

Deux ans plus tard, je suis cette fois-ci reçue sur ce même plateau aux côtés de deux autres créatrices de contenu que je connais depuis des années. J'ai eu le sentiment d'un retour dans le passé face à des questions liées à la notion de marque, de publicité, d'argent. Je dois avouer que ce n'est pas le meilleur souvenir que je retiens de mes passages sur le petit écran. Mais ce n'est pas non plus ma pire expérience, qui va se dérouler dans la foulée. Cette fois, je suis contactée par une émission qui traite le thème de l'amour. Le sujet retenu : suivre un couple qui travaille ensemble. Or, à cette époque, je vis déjà avec Matthieu, un jeune homme dont je vais bientôt parler. Nous voilà donc filmés durant une journée entière, à l'occasion du Festival du film de Deauville, journée dont ils ne retiendront, à la diffusion, qu'une seule séquence : un accrochage, au cours duquel Matthieu et moi nous « disputons » lors d'un shooting ! Mais le pire reste à venir : au montage, et compte tenu des coupes, j'apparais comme une nana odieuse faisant subir à Matthieu mes sautes d'humeur. J'en suis profondément déçue, car l'équipe a occulté tous les aspects positifs de notre relation professionnelle,

Campagne « Au nom des Seins », en 2015.

qui est, au demeurant, géniale en ce sens qu'elle nous donne la possibilité de travailler ensemble, de voyager ensemble, et nous permet de laisser de côté l'affect pour nous focaliser sur le résultat que nous estimons le meilleur. Bien sûr, le tandem que nous formons au boulot fait que nous nous comportons parfois comme chien et chat, mais il s'agit seulement d'une manière de fonctionner qui nous est propre en ces circonstances, sans doute pas étrangère à notre niveau d'exigence, mais qui n'affecte en rien notre complémentarité, et encore moins le respect que nous avons l'un pour l'autre dans notre vie de couple. Et dire que nous avions eu la délicatesse de recevoir les journalistes dans notre chambre d'hôtel, de leur offrir un café, de prendre le temps de discuter avec eux. J'ai été déçue et je n'ai clairement pas compris pourquoi le reportage avait été tourné en ce sens. D'autant plus que certains propos sur le plateau rabaissaient une fois de plus notre statut de créateurs de contenu, en citant un soi-disant problème d'ego comme étant le seul motif qui nous poussait à nous mettre en avant sur les réseaux. Je me suis sentie bête d'avoir donné ma confiance à ce moment-là.

En 2015, avec Matthieu (crédit : Alix de Beer).

Cette mésaventure m'a prouvé qu'il fallait que je fasse encore très attention à l'image que je donne de moi, voire que je la travaille auprès des médias... à l'opposé de ce que je mets en avant de façon spontanée sur mes réseaux sociaux. Heureusement, Internet va vite – trop vite – et ce qui s'y voit un jour est chassé le lendemain par autre chose, ce qui m'incite à relativiser face à tout cela. Ce détachement rejaillit sur la relation que j'entretiens avec mon image, car je conçois parfaitement de ne pas apparaître constamment impeccable sur les photos que je publie. Bien sûr, je préfère paraître à mon avantage sur un shooting, mais j'ai d'abord envie de me plaire avant de plaire aux autres. Ce sont, avant tout, l'énergie et la passion pour ce que je fais que je veux faire passer à l'image, bien plus que ma plastique ou l'*outfit* que je vais porter. J'ai d'ailleurs suffisamment confiance en moi pour assumer de ne pas paraître tout le temps au top. Le principal pour moi est de savoir que je peux être à mon avantage quand je le décide.

Poursuivant mon action dans le caritatif, un projet en entraînant souvent un autre, à l'issue du succès rencontré par *Happy for Charity*, j'organise une grosse fête au Street Hotel pour remercier tous les participants. Je demande alors à mon pote Alassane de réaliser le graphisme des flyers et d'exécuter du *graff painting* sur les murs au cours de la soirée, tandis que mon meilleur ami Yassine, accessoirement mon professeur de danse, rencontré au studio Harmonic alors qu'il donnait des cours de dancehall, m'épaule sur ce projet en m'aidant à communiquer auprès des professionnels de la musique. PM, mon pote de la *team* Mowdjo, va naturellement se joindre au navire, puisqu'il a contribué à la communication du clip, qui a divinement fonctionné. J'adore assembler les gens et présenter les talents les uns aux autres. À cette occasion, je suis donc servie ! La fête est un succès, j'y mixe au début de la soirée, et durant celle-ci, j'ai l'impression de me trouver avec une bande de copains dans un appartement à New York, sur fond de musique comme on aime. Je retiens donc le concept et monte ensuite, avec Yassine, Alassane et PM, le projet des soirées « Hands Down » ; il y en aura plusieurs et dans différents lieux de Paris. Je suis toujours à fond sur Internet, mais ce rôle d'ambassadrice, organisatrice de soirées hip-hop me permet de m'évader dans une sphère musicale que j'affectionne tant. J'ouvre chaque soirée avec ma playlist hip-hop/R'n'B old school, puis suivent des artistes qui prennent le contrôle des scènes : beatmakers, rappeurs, DJs... Chaque soirée est une réussite ! J'y vois mes amis, de toutes sphères, mais également des membres de ma communauté que je rencontre enfin.

« CE SONT, AVANT TOUT, L'ÉNERGIE ET LA PASSION POUR CE QUE JE FAIS QUE JE VEUX FAIRE PASSER À L'IMAGE. »

Nous sommes fin 2014 et peu de temps avant ma rupture amoureuse survient un drame qui m'atteint profondément : la mort brutale de mon ami Alassane. Je me rends donc à son enterrement sans bien réaliser ce qu'il se passe encore et, parmi la tonne d'amis présents, je reconnais Matthieu, dont j'avais déjà souvent entendu parler par Alassane. À la fin de la cérémonie, nous échangeons quelques mots, sans plus, comme je le fais avec d'autres têtes que je pense reconnaître. Le soir même, je reçois plusieurs invitations d'amis sur Facebook, des amis d'Alassane, probablement des personnes qui souhaitent échanger sur notre amitié, et Matthieu en fait partie. Nous démarrons alors une série de discussions liées à Alassane ; nous avions simplement besoin de revivre ses derniers instants à travers nos anecdotes, dépités de réaliser que nous ne le reverrions plus. Puis nous décidons d'aller boire un verre, sans aucune ambiguïté. Lors de ce *drink*, le courant passe entre nous, un courant amical, et je comprends pourquoi Matthieu était le meilleur ami d'Alassane. Je repars de ce café le cœur un peu réparé, avec ce sentiment étrange d'avoir échangé avec mon ami parti trop tôt. Considérant cette relation naissante sous l'angle de l'amitié, je suis contente de m'être fait un nouvel ami et je le présente à ma bande, qui le valide immédiatement. En fin d'année, tandis qu'il part pour Los Angeles pour un mois minimum pour une opportunité professionnelle, je pars de mon côté passer les fêtes en famille à Marrakech.

Côté cœur, d'un commun accord, Baptiste et moi décidons de rompre. Nous vivons tous deux cette rupture de manière très douce, au point que nous demeurons encore colocataires durant deux semaines.

Plusieurs semaines plus tard, quand Matthieu revient à Paris, nous nous revoyons. Mais quelque chose a changé : je me rends peu à peu compte, de manière confuse tout d'abord, que c'est plus que de l'amitié qui est en train de naître entre nous. La distance de ces dernières semaines m'aura sûrement fait réaliser que non, Matthieu n'est plus uniquement un super pote. Nous continuons cependant à boire des verres ensemble comme deux bons copains et de beaucoup sortir avec nos amis, jusqu'au soir où, alors qu'il me raccompagne chez moi en voiture, il met les pieds dans le plat pour dissiper le flou dans lequel évolue notre relation. Surprise, je lui dis que je ne sais pas quoi répondre et sors de la voiture mais, quelques jours plus tard, n'y tenant plus, nous officialisons notre relation. Ce début d'année 2015 est donc plein de rebondissements, mais même si le ciel commence finalement à s'éclaircir, je vais rapidement déchanter.

Avec Diego, New York, 2019.

7

DE NOUVELLES **PERSPECTIVES**

Au printemps 2015, je reçois un mail de mon agent me proposant un job d'ambassadrice digitale pour une grosse marque internationale. Quelques jours avant, j'étais à Cannes pour participer au festival ainsi qu'au prestigieux gala de l'AmfAR où j'étais invitée. Le shooting a lieu dans deux jours, mais je dois retourner dans le Sud pour le boulot. Arrivée sur le lieu, la cliente me demande si le budget qui m'a été proposé me convient. Vérification faite, je me rends compte qu'il y a une sacrée différence avec le tarif annoncé par mon agence, ce qui représente bien plus que les habituels 20 ou 30 % de commission ! Le choc est tel que je me décompose en mesurant l'énormité de la trahison dont je suis victime. Matthieu, qui m'accompagne – il réalise le *making of* du shooting –, tente de me calmer et m'aide à reprendre le contrôle de mes nerfs car je suis en train d'exploser, prête à abandonner la *team* qui arrive pourtant de l'étranger. Je suis dans un tel état que je ressens le besoin de téléphoner à mon frère Diego pour lui raconter ce qui m'arrive et lui demander conseil sur l'attitude à adopter. Si je représente l'impulsivité dans toute sa splendeur, Diego est la force tranquille. Mais même cet appel ne parvient pas à dissiper le malaise que j'éprouve. Il me recommande d'aller au bout de mes engagements, de prendre sur moi et me dit que nous en reparlerions quand je rentrerais. Et c'est dans cet état que je fais le shooting, dont je garde, évidemment, un mauvais souvenir.

De retour à Paris avec le sentiment d'avoir été profondément trahie par l'agence avec laquelle j'avais, jusque-là, travaillé en toute confiance, je décide pourtant de ne pas en parler. Je téléphone à tous les bureaux de presse avec lesquels j'ai bossé récemment pour leur demander de m'adresser les devis me concernant mis au point par mon agence dans les mois qui avaient précédé. Ayant pris le parti d'échanger en direct avec les annonceurs et attachés de presse, j'ai toujours entretenus des liens étroits avec eux. J'en reçois donc une vingtaine et je me rends alors compte que les prix annoncés ne correspondent pratiquement jamais à ceux pratiqués par mon agence… Je continue néanmoins à me rendre aux rendez-vous fixés par l'agence, mais je décide de faire appel à un avocat pour entamer une procédure à l'encontre de celle-ci. En guise de défense, les avocats de la partie adverse me reprochent d'avoir accepté des opérations en direct, sans passer par l'agence, avec laquelle j'ai signé un contrat d'exclusivité. Bien qu'ils aient raison, il n'en demeure pas moins que je ne l'ai jamais dissimulé à l'agence, qui ne s'en est jamais plainte non plus jusqu'à ce jour. Et puis une telle argumentation ne compense en rien le préjudice que j'ai subi. Les avocats des deux parties vont finalement s'entendre sur un dédommagement à l'amiable – mais en aucun cas le remboursement total.

À la déception de cette expérience s'ajoute le sentiment d'évoluer désormais totalement seule au sein d'un entourage professionnel en lequel je ne peux plus me fier, alors que ma personnalité me pousse à faire naturellement confiance aux personnes avec qui je travaille. En revanche, une fois cette confiance trahie, je suis incapable de pardonner, car je suis extrêmement rancunière.

M'efforçant de laisser de côté cette mésaventure, je réponds, dans la foulée, à une proposition de Burberry Beauty qui m'offre un contrat de six mois pour devenir leur égérie digitale. Il s'agira d'être présente pour les temps forts de la marque, de réaliser des séries de photos, plusieurs vidéos, de participer à des événements à Londres où se situe leur siège, à des manifestations telles que la Fashion Week, etc. Naturellement, et face

COMMENT CHOISIR
SON AGENT ?

Choisir son agent est l'une des parties les plus compliquées dans ce métier. Tout comme choisir un assistant. Déléguer est véritablement la chose la plus difficile à faire, mais lorsque cela fonctionne, c'est tellement bénéfique !

Ce que je préconise à chaque fois, c'est de se fixer une période d'essai. Au-delà du feeling entre l'agent et l'influenceur, qui est très important, il faut que la personne puisse défendre vos intérêts auprès des marques, tout en étant appréciée de celles-ci. Il est important qu'une relation de confiance s'installe, et cela peut prendre du temps.

D'un point de vue concret, un agent vous prendra une commission sur vos boulots, mais cela est nécessaire lorsque l'on se sent véritablement débordé.

à un tel enjeu, je fais appel à Diego pour qu'il m'aide avec le contrat, ce qu'il réussit au mieux en négociant superbement mes intérêts. Il ne s'agit initialement pas de son métier, Diego travaillant dans les énergies nucléaires, mais c'est la seule personne en qui j'ai confiance et qui connaît le marketing mieux que personne. De plus, j'ai un super-retour de Burberry, qui considère Diego comme très professionnel. Il s'agit là d'une opération très importante, car la marque est positionnée haut de gamme et est en plein développement de son département Beauté. Or, jusque-là, je pensais n'avoir aucune légitimité pour en parler... Une nouvelle ère s'ouvre à moi et je prends alors conscience de la chance qui m'est offerte de signer un contrat sur le long terme avec une grande marque, chose qui ne fait pas encore partie des pratiques courantes, car on passe rarement du statut de blogueuse à celui d'ambassadrice, voire d'égérie.

J'inaugure une collaboration non seulement avec une très belle marque, mais également avec mon frère, car nous nous mettons à bosser ensemble dans la foulée. Je me dis que le karma existe et je suis très reconnaissante de ce qu'il m'arrive. Au début, il ne s'occupe de moi que durant son temps libre. Mais petit à petit,

Je deviens ambassadrice digitale pour Burberry Beauty, en 2015.

il y prend goût et me consacre davantage de temps. Quant à moi, je commence à le solliciter de plus en plus, à lui demander de m'accompagner à des événements, des shootings, entre autres. Je lui fais faire des RP, rencontrer des journalistes, des bureaux de presse, des agences. Ma vie professionnelle prend ainsi une tout autre tournure : je passe d'une grosse agence, où j'avais affaire à plusieurs interlocuteurs, à une gestion de carrière effectuée par mon frère sur son temps libre. J'ai d'abord l'impression de faire un pas en arrière, car tout ça fait un peu dilettante ; et puis c'est l'époque où les blogueuses commencent à signer dans des agences de mannequins qui ouvrent des pôles dédiés aux influenceurs. Pour la cohérence de ma trajectoire, il aurait donc été plus logique que je signe avec une agence, et je ne peux m'empêcher de penser que Diego n'a pas la structure commerciale nécessaire pour être mon agent, ni aucune connaissance de la blogosphère... Mais voilà : j'ai une confiance infinie en lui, il se révèle extrêmement rigoureux, sérieux et très professionnel. Outre sa débrouillardise, il est le roi de la négociation et du marketing, qualités qui emportent ma décision : Diego sera mon agent. Et si un virage s'amorce pour moi en cet été 2015, il en va de même pour mon frère, qui abandonne alors son job dans l'énergie nucléaire pour se lancer à plein temps dans la gestion de ma carrière ainsi que dans l'influence. Nous repartons donc, l'un et l'autre, de zéro, mais ensemble cette fois.

Dès le mois de septembre suivant, Diego s'associe avec Virginie Godin, sa meilleure amie de toujours, évoluant elle-même dans la sphère digitale, pour créer une agence d'influenceurs. Ils s'investissent à fond dans le projet, y consacrent énormément de temps et d'énergie tout en prenant des risques. De mon côté, finalement, j'en arrive à penser que ne plus faire partie d'une grosse agence constitue en réalité une vraie force. N'ayant jamais démarché une marque de ma vie, j'en conclus que je n'ai plus besoin d'une grosse structure. Il m'apparaît clairement qu'à partir de maintenant, je suis le meilleur agent de mon image et la personne la mieux qualifiée pour me vendre, ce que je fais à travers ma façon de m'exprimer, ma personnalité et mes opinions.

Avec Diego, tout est fluide. Professionnel dans tout ce qu'il entreprend, il comprend très vite le business ainsi que ses enjeux. Dans la mesure où il analyse en permanence ce qu'il fait – comme il a toujours analysé ce que j'ai fait jusque-là –, cette réflexion lui permet d'aller vite et d'être très réactif... En général.

Les bureaux de Influence.

« En général », parce qu'il me revient, au fil de la plume, un souvenir qui contredit cette appréciation : une fois, au tout début de notre collaboration, Diego m'a fait défaut par manque de réactivité. J'avais été contactée un soir par une grosse enseigne beauté représentant une marque de *make-up* pour participer à un *talk* le lendemain – du *last minute*, comme il en arrive souvent. J'avais donc immédiatement appelé Diego pour qu'il rappelle le client, ce qu'il n'a jamais fait. Heureusement, cette situation n'est arrivée qu'une fois et je ne lui en ai pas tenu rigueur. Il fallait bien que Diego comprenne les rouages de mon métier, et que moi je m'adapte à sa manière de fonctionner, bien plus carrée que ce que j'avais connu jusqu'à présent.

« EN CE QUI ME CONCERNE, JE PRÉFÈRE AVOIR MOINS DE *FOLLOWERS* ET CONSERVER MON CRÉDIT ET MA RÉPUTATION PLUTÔT QUE DE ME TROUVER À LA TÊTE D'UNE GRANDE COMMUNAUTÉ QUI N'EXISTE PAS EN RÉALITÉ. »

C'est à cette époque que de nombreuses nouvelles figures émergent sur les réseaux sociaux, pas toujours pour de bonnes raisons. En effet, certaines ne sont pas animées par une envie sincère d'échanger et de partager avec une communauté, mais plutôt intéressées par l'appât du gain ; on trouve également pas mal de profils *fake*, qui vont jusqu'à s'inventer une popularité sur Internet en achetant de faux *likes*, de faux *followers* ou encore de faux commentaires. Ils constituent ainsi une nouvelle vague d'influenceurs déferlant sur les événements, les voyages, etc. On les repère d'autant plus facilement qu'auparavant, entre 2010 et 2015, on retrouvait toujours les mêmes personnes aux *events*, voyages de presse, etc., chacun savait qui était qui ; or, à partir de ce moment-là, on y croise plein de nouvelles têtes. Cela me procure finalement une certaine fierté, car j'en déduis que c'est le signe de la reconnaissance de ce que je fais comme un véritable métier. Néanmoins, les influenceurs, dont je fais partie, qui œuvrent dans le milieu depuis des années et possèdent un véritable taux d'engagement et de transformation, alertent alors les agences et les annonceurs afin qu'ils puissent effectuer un tri entre les influenceurs authentiques, dits « organiques », et les imposteurs auxquels ils ne veulent pas être associés. Si beaucoup d'entre eux ont d'abord acheté une communauté pour ensuite réellement la fédérer, d'autres, au contraire, n'ont jamais réussi à générer une seule vente, et ont disparu.

Pour ma part, je me suis toujours sentie parfaitement à l'aise avec les blogueuses/ créatrices de contenu « première génération » comme avec les « nouveaux », ce qui m'a sans doute permis de rebondir. Mais c'est également ce qui, parfois, m'a conduite à commettre des erreurs. Je pense notamment à un voyage de presse organisé par une marque de lingerie auquel j'avais été invitée. J'aurais dû refuser de m'y rendre, car je m'y suis retrouvée associée uniquement à des influenceuses dont les communautés, sous couvert de milliers d'abonnés, étaient en réalité adeptes de la carte de crédit pour faire grandir leur pseudo-popularité. Ce qui n'arriverait plus aujourd'hui, car les marques, ayant acquis une meilleure connaissance du milieu, parviennent à repérer les créateurs de contenu dont la communauté est

Diego en tant qu'agent m'accompagne à New York pour un voyage de presse Tommy Hilfiger (2016).

véritablement engagée. En ce qui me concerne, je préfère avoir moins de *followers* et conserver mon crédit et ma réputation plutôt que de me trouver à la tête d'une grande communauté qui n'existe pas en réalité. D'ailleurs, pour la profession et d'après les retours que j'ai régulièrement, j'ai franchi un cap et me suis propulsée au-delà de l'univers du blog, en me diversifiant activement sur d'autres supports et en devenant, en parallèle, de plus en plus médiatisée.

En même temps que Virginie et Diego prennent en main mes intérêts, je me rends compte que ma trajectoire professionnelle m'oriente – de fait, avec le contrat Burberry – vers l'univers de la beauté. Cette campagne m'ouvre effectivement un certain nombre de portes, mais j'éprouve en outre pour ce domaine un intérêt grandissant, notamment pour le *skincare*, c'est-à-dire les soins de la peau. Curieuse de tout ce qui se fait en matière de cosmétiques, j'enrichis mes connaissances, je m'informe et me renseigne sur les nouveautés, ce qui me permet d'être parmi les premières blogueuses « mode » à réaliser que l'univers de la beauté commence à prendre beaucoup de place dans le digital. J'en tiendrai compte.

Mais à ce moment-là, c'est un autre objectif, personnel celui-ci, qui retient une bonne part de mon attention : l'achat d'un appartement. Ce projet m'habite depuis longtemps et je me suis toujours fixé une date limite à sa réalisation : être propriétaire de mon toit avant l'âge de trente ans. En fait, j'avais pris cette résolution à la suite de la séparation de mes parents, qui avait engendré chez moi un sentiment exacerbé de volonté de réussir par moi-même, et c'est en grandissant que j'ai pris conscience que la liberté passait obligatoirement par l'indépendance financière. Et ma mère l'était, fort heureusement, car elle a été mon meilleur modèle.

Ainsi, soucieuse de mon indépendance, j'ai toujours gardé en mémoire, depuis mon entrée dans la vie active, que tout ce que je crée, je le capitalise pour le futur. Cela m'oblige à rester dans le contrôle permanent, sans jamais perdre de vue mes objectifs. Je me suis toujours dit, par exemple, que je travaillerais beaucoup jusqu'à l'âge de quarante ans et que je lèverais ensuite le pied pour davantage profiter de la vie. On verra si ça se réalise, mais c'est l'idée de départ… Et pour cela, je consens à des sacrifices – limiter mes sorties, travailler chaque week-end… À vingt-trois ans, l'âge où j'ai emménagé totalement seule pour la première fois, je me rappelle avoir décliné des invitations de mes amis étudiants

2015, achat de mon premier appartement.

sous prétexte que je me levais tôt le lendemain. J'ai beaucoup serré les dents, mais je ne le regrette pas du tout.

Dans l'optique d'acquérir mon bien, je mets alors des alertes partout pour un petit deux-pièces ou un studio, et je vais devoir patienter un an avant de trouver la perle rare... Un taudis inhabité depuis quinze ans ! En visitant l'appartement avec Matthieu, nous nous rendons compte qu'il tombe en ruine et que tout est à refaire, du sol au plafond, en passant par l'électricité, le gaz, etc. Mais j'entrevois aussi qu'il a un vrai potentiel. Je décide alors de me lancer et contracte un crédit sur vingt-cinq ans à la banque – en faisant appel à des courtiers, mon activité de blogueuse n'étant pas bien vu par les banquiers. Et vu l'ampleur des travaux, je ne me sens pas les épaules pour tout refaire moi-même ! Ces derniers vont finalement durer un an et devenir très problématiques... Les travaux, qui ont commencé en mars 2015 et devaient s'achever au mois de juillet suivant, ne se termineront qu'au printemps 2016 ! Résultat : je suis obligée de camper dans mon appartement en travaux pendant des mois avant que celui-ci ne ressemble à quelque chose. Le rêve de devenir propriétaire a viré au cauchemar, et ces travaux me font détester l'endroit où je rêvais d'habiter, à tel point qu'il n'est pas rare que mes accès de découragement se transforment en crises de larmes, ne voyant pas le bout. Cette situation rejaillit aussi sur notre relation de couple, compliquant notre vie quotidienne et nous amenant à beaucoup nous disputer, Matthieu et moi.

Heureusement, l'année 2015 ne se borne pas pour moi à ce cauchemar domestique, car je relativise vite : je suis propriétaire, j'ai trouvé une banque qui a bien voulu me faire confiance, malgré mon statut d'influenceuse, donc je suis quand même très chanceuse. Lorsque j'ai signé pour ce bien, je me suis d'ailleurs tournée vers ma mère et lui ai dit : « Désormais, tu auras toi aussi toute la vie un toit sur la tête ! » La fierté dans ses yeux a balayé toutes les crises de larmes du monde. Quant à ma carrière, de nouveaux challenges m'attendent sur les réseaux sociaux, ce que je ne vais pas tarder à découvrir.

Zadig & Voltaire *squad*, voyage de presse, été 2019 (Marie Gilliot, Priscilla Mezzadri, Carla Giniola, Chloé Bleinc).

8

UN RENOUVEAU

Juste avant l'été de cette année 2015, le groupe M6 me contacte pour me proposer un alléchant projet : Vloggist, un collectif YouTube destiné aux femmes plus matures que ce que propose habituellement la plate-forme. Il s'agit pour moi d'une nouvelle aventure qui me fait côtoyer des blogueuses aux profils et communautés très différents des miens : Margot (youMAKEfashion), Samar (Une Libanaise à Paris), India (India's Insights) et Audrey Marnay, mannequin. Si India fait alors partie de mes meilleures amies, je m'entends déjà divinement bien avec Margot et me lie très vite d'amitié avec Samar et Audrey.

J'inaugure alors le tournage de vidéos à partir de février 2016, et ce durant un an. Il s'agit d'une superbe expérience, qui m'offre l'occasion de rencontrer de belles personnalités et me donne envie de me lancer davantage sur YouTube. Mais je déchante rapidement, car l'audience – hormis les communautés qui nous suivent et adorent notre *team* – n'est malheureusement pas au rendez-vous. Ce que nous faisons est très différent de

COMMENT FÉDÉRER
UNE COMMUNAUTÉ ?

Il n'y a pas de science exacte pour fédérer une communauté et créer de l'engagement. Aujourd'hui, il y a beaucoup de personnes actives sur les réseaux sociaux, et celles qui habituellement se démarquent sont les plus méticuleuses.

Dès le départ, il faut définir son univers, pour que l'abonné comprenne ce qu'il va retrouver sur votre plate-forme (beauté, humour, mode, lifestyle... ?).

Il faut être rigoureux dans ses posts, publier quotidiennement et surtout interagir avec sa communauté, aussi bien, par exemple, en proposant des sessions de questions, que, bien évidemment, en répondant à toutes les questions que l'on vous pose. Prenez soin également de bien choisir vos collaborations : il faut que celles-ci vous ressemblent. Et, surtout, ne vous impatientez pas. Cela demande du temps !

ce que l'on voit habituellement et nous peinons à générer autant d'engagement que nous le voudrions, malgré les compliments de nos abonnés respectifs. La production est énorme et nécessite dix à quinze personnes derrière la caméra, pour des raisons que j'ai du mal à comprendre, encore aujourd'hui. De plus, une telle ampleur engendre des tournages très longs, mais la qualité des vidéos est indéniable.

Cette expérience fait partie des meilleures de ma carrière ! Cependant, bientôt, les résultats de la première saison tombent et ils ne sont pas vraiment bons. Je décline donc l'invitation à participer à une deuxième saison, puisque la production souhaite s'éloigner de l'angle très mode du projet pour se tourner vers des sujets plus populaires avec lesquels je ne me sens pas à l'aise. Je suis triste de me séparer de ceux avec lesquels je bossais sur ce projet, car j'adore le groupe, mais j'en retire une vraie impulsion de « vloggeuse ». Je mets alors ma chaîne YouTube à jour et j'y poste une vidéo par semaine ; mais il ne s'agit pas de vidéos « Putaclic » (autrement dit des vidéos racoleuses qui visent seulement à attirer de nouveaux abonnés), car je ne désire pas atteindre une cible trop jeune, mais simplement réaliser ce que je sais faire et ce qui m'inspire. Ainsi, je finis par me constituer une petite communauté qui m'est fidèle sur la plate-forme et me permet de m'exprimer autrement : du voyage, de la beauté, de la musique entre autres. Je publie des vidéos quand bon me semble sans tenter de reproduire ce que j'ai pu voir sur d'autres chaînes.

Avec Margot, @youmakefashion, lors d'un tournage Vloggist en 2016.

Au printemps 2016, j'entame une mauvaise période sur plan personnel. Les travaux de mon appartement sont tout juste terminés et je ne prends pas vraiment de plaisir à habiter dans cet appartement que j'aime profondément mais que, paradoxalement, je ne peux plus voir en peinture !

Et puis c'est l'année de mes trente ans. Je décide de mettre au second plan mes contrariétés pour me focaliser sur le bon côté de la chose : j'adore organiser de grosses fêtes et mon anniversaire m'en donne l'occasion. Je monte donc de toutes pièces – même si ma mère m'aide beaucoup à distance, elle qui vit entre Marrakech et Paris – une fête avec mes trente meilleurs potes à Marrakech. Pour mes anniversaires, j'ai toujours tendance à vouloir organiser des choses un peu spectaculaires ; là, je m'investis à fond pour rendre l'occasion digne d'un des plus beaux voyages qui, je l'espère, restera un souvenir incroyable. Je négocie avec un palace pour obtenir des prix qui me permettent de recevoir tout le monde, car mes amis n'ont évidemment pas tous les mêmes moyens, j'invite la plupart des gens à tous les repas, je prévois des activités vraiment sympas telles qu'une journée dans le désert, de grands dîners… Autant d'agréments qui représenteront pour mes invités deux jours de fête, de détente et de dépaysement. Seule condition pour participer : s'offrir son billet d'avion et payer sa chambre d'hôtel – que j'ai négociée au rabais (car hors saison).

Je lance les invitations dès le mois de mai pour le mois d'octobre et constitue un groupe WhatsApp pour l'occasion, où je relaie toutes les informations. La *deadline* pour les réponses – afin que je puisse m'organiser convenablement – tombe fin juin, mais, à cette date, il me manque celles de mes meilleures amies. Arrivent les vacances d'été et tout le monde s'éparpille aux quatre vents, ce qui n'est pas fait pour accélérer le rythme des réponses.

Cependant, mes préoccupations se portent soudainement sur un tout autre registre : durant l'été, ma mère se plaint d'éprouver une immense fatigue et de se sentir mal. C'est une grande fumeuse, mais surtout une femme superactive qui ne s'est jamais vraiment écoutée. Je ne l'ai jamais vue aller chez un médecin et, à son retour à Paris, en septembre, elle effectue de nouveaux examens qui confirment nos craintes : cancer du poumon à un stade très avancé, le dernier avant le stade terminal. Selon les statistiques, à partir du moment où on découvre son cancer, il ne lui reste plus que trois mois à vivre.

Le choc que je ressens à l'annonce de cette nouvelle me fait l'effet d'un coup de massue en pleine figure. Mais je n'en dis rien à personne, pas même à mes amies. Je suis comme cela. Je garde ce qui me tracasse pour moi, car dès lors que j'officialise une situation grave, j'ai le sentiment qu'il sera encore plus compliqué de s'en sortir. J'ai besoin de prendre du recul, de digérer et de m'armer. En ce qui les concerne, justement, je poste sur WhatsApp un dernier message pour leur demander une réponse définitive, et quelle n'est pas ma déception de voir qu'elles ont attendu jusque-là pour me dire qu'elles ne viendraient pas. L'une est enceinte et je le conçois parfaitement, l'autre invoque je ne sais quel prétexte, bref ; pour le reste, elles ont toutes une excuse et je constate avec tristesse qu'elles n'ont pas réussi à s'organiser pour venir... La leçon est d'autant plus dure à digérer qu'elle m'apparaît dans toute sa clarté dans ce moment si pénible que je traverse et dont je ne parle pas : je me demande, à cet instant, si véritablement je peux compter sur d'autres que ma famille et moi-même.

Nous partons pour le Maroc – ma mère commencera sa chimio après ma fête et nous n'informons strictement personne, hormis la famille, de sa maladie –, où je retrouve mes amis, pas forcément ceux dont je suis la plus proche à ce moment-là, mais qui le deviendront par la suite, ne serait-ce que grâce à ce week-end passé ensemble. Malgré ce contexte, la fête est hyper-réussie, si j'en crois la façon dont les gens s'y sont amusés, mais mon retour de Marrakech s'effectue dans des conditions

Week-end de mes trente ans à Marrakech, en 2015.

très éprouvantes. Outre le fait qu'il me faut digérer la claque je viens de prendre de celles que je n'aurais jamais imaginées absentes à mon anniversaire – la rancunière que je suis prend quelques distances –, il me faut surtout affronter le début du plus grand combat de la femme de ma vie, ma mère. Je n'ai pas le temps ni l'énergie de trouver des excuses à des personnes qui m'ont déçue à ce moment-là.

Pour la première fois depuis des années, mes parents se revoient, ce qui me procure un très grand plaisir, même si j'ai du mal à m'y faire – naturellement, mon père est au courant de la situation. Commence alors la chimio, période épuisante et qui n'offre aucun répit. Je dors parfois à l'hôpital aux côtés de ma mère, sans parler des journées entières que j'y passe, ce qui m'impose un rythme exténuant car ma vie professionnelle a ses exigences et je reste très discrète sur ce que nous traversons. Bien que le cœur n'y soit pas – en réalité, je suis très déprimée et je me demande encore aujourd'hui comment Matthieu a pu me supporter à ce moment-là –, je suis obligée de faire des efforts vis-à-vis de ma communauté et des réseaux sociaux. Je prends quand même la décision d'aller consulter une psychologue, que je vois toujours par ailleurs, car je connais ma façon de procéder : j'encaisse, j'encaisse, j'encaisse et subitement, mon corps me lâche. Je ne veux pas retomber dans l'agoraphobie ou refaire des crises d'angoisse comme quand j'avais vingt ans. Cette fois-ci, je tiens à anticiper et je ne dois pas craquer, ne serait-ce que par respect pour ma mère qui ne lâche rien.

En réaction à cet ascenseur émotionnel, mon rapport à l'amitié se met à changer. J'y attache de moins en moins d'importance et je me recentre sur moi-même. Mais ce n'est pas tout : le cancer de ma mère me fait prendre conscience qu'une bonne hygiène de vie peut grandement contribuer à éviter la maladie. C'est donc à cette époque, en septembre 2017, que je commence à prendre soin de moi, en commençant par mon alimentation. Je décide de ne plus manger de viande ni de produits transformés, et de limiter ma consommation de sucres et de gluten. Ensuite, je me mets sérieusement à faire du sport pour entretenir ma forme et je m'attaque à la problématique du sommeil. Auparavant, je sortais tous les soirs pour des événements professionnels, jusqu'à enchaîner trois ou quatre lieux dans Paris. Un rythme épuisant… Je reproduisais, sans m'en rendre compte, l'exemple maternel d'une femme qui veut sans cesse s'affranchir de ses limites. Forte de ce constat, je me mets donc à refuser des invitations ainsi que des voyages de presse, car je n'ai plus envie de me sentir constamment fatiguée et je veux rester auprès de ma mère et des miens autant que possible.

Bien qu'étant profondément inquiète mais optimiste vis-à-vis de la santé de ma mère, je réussis tout de même à me mobiliser sur mes nouveaux centres d'intérêt à travers les lectures que je fais et les réponses qu'elles commencent à m'apporter. Je pense notamment au livre de Lise Bourbeau, *Les Cinq Blessures qui empêchent d'être soi-même*, ou bien ceux de Raphaëlle Giordano, dont je tire, en substance, l'enseignement suivant : « Ta seconde vie commence quand tu comprends que tu n'en as qu'une. » Et ces lectures faciles d'accès dans une approche de développement personnel me servent à alimenter les contenus que je poste sur les réseaux sociaux, car j'y mets en avant cette nouvelle optique. J'en éprouve alors une petite satisfaction, car je me rends compte que je parviens à tirer de mon mal-être quelque chose de positif.

« EXERCER UNE INFLUENCE BÉNÉFIQUE SUR MOI-MÊME ET SUR LES AUTRES. »

De la part de ma communauté, ces sujets sont très bien accueillis : plein de gens se sentent concernés et réclament des vidéos sur l'hygiène de vie. Je parle beaucoup de sport *via* mes *stories* sur Instagram et, à mesure que j'apprends à mieux me nourrir et à cuisiner, je communique là-dessus pour motiver mes *followers*. En fait, à travers cette nouvelle orientation, je parviens à réaliser l'un des objectifs qui me tiennent à cœur à ce moment-là : exercer une influence bénéfique sur moi-même et sur les autres.

Mais les réseaux sociaux ont aussi leur part d'ombre et, quand on y publie, on s'y expose. Auparavant, j'avais déjà vécu une mésaventure engendrée par cette situation : une femme s'était fait passer pour moi afin de recevoir des articles et autres produits envoyés par les marques. La supercherie avait fonctionné pendant plusieurs mois, jusqu'à ce que je sois alertée par les marques. J'avais alors réussi à obtenir ses coordonnées grâce à son adresse IP, puis j'avais communiqué sur les réseaux sociaux pour attirer la vigilance de mes interlocuteurs sur ce qu'il m'arrivait et les prévenir de se méfier de cette usurpatrice d'identité. Et l'affaire s'était arrêtée là.

Mais c'est au cours de l'été 2015 que j'ai vécu une situation des plus inquiétante. Je commence en effet à recevoir des messages très bizarres et assez différents de ceux dont j'ai l'habitude : leur auteur n'est pas un homme qui aime simplement mes contenus, mais quelqu'un qui m'envoie des mots d'amour chaque fois que je publie sur les réseaux sociaux. Et un jour, je reçois un message du type qui me prévient qu'il est à Paris spécialement pour me voir et me demande de le rejoindre là où il se trouve. Inquiète, je communique immédiatement son numéro de téléphone à Diego, qui l'appelle en tant que mon agent, enregistre la conversation et le somme de cesser ce harcèlement dont il lui affirme être parfaitement au courant, puisqu'il reçoit aussi tout ce que l'on m'envoie. À l'issue de cet appel, nous nous rendons compte que nous avons affaire à un déséquilibré d'un certain âge, mais nous pensons que mon frère l'a suffisamment dissuadé de poursuivre ses agissements pour qu'il ne se risque pas à recommencer. En réalité, nous nous trompons, car il continuera à m'envoyer des messages très engagés, interprétant comme un « signe » le fait que mes publications parviennent jusqu'à lui. Je découvre qu'il monte alors des dossiers entiers sur moi, ma famille, celle de Matthieu, jusqu'à créer des albums photos de chaque lieu que j'ai pu évoquer dans chaque média auquel j'ai répondu – le square où je me rendais enfant, la ville où a grandi Matthieu... –, faire des enquêtes sur mes ancêtres, prendre des photos de ma mère... Dans l'un de ses messages, je comprends qu'il a situé où j'habite et que malgré la ville d'où il vient, loin de Paris, il prend la peine de faire de longs trajets en voiture pour m'observer rentrer et/ou sortir de chez moi. Je dépose donc trois plaintes au commissariat de police de mon quartier, lequel m'informe que le type en question est déjà connu auprès des services de police. Débute ainsi pour moi une période oppressante et, début juillet, je décide d'aller dormir chez Diego durant plusieurs semaines, le temps d'une absence de Matthieu parti pour un voyage professionnel. De toute façon, comme l'a évoqué la police, « il ne peut pas être arrêté tant qu'il ne vous a pas touchée ». Ah. Quel non-sens... Celui-ci est quand même prévenu par téléphone à plusieurs reprises par le commissariat de sa ville, qui lui demandera de calmer ses agissements. Il cessera peu à peu son harcèlement et se fera heureusement oublier.

Les mois passent et je finis par zapper cet individu qui a hanté ma vie pendant plus d'un an. Si l'on en croit le dénouement de cette mésaventure, l'histoire est digne d'un mauvais thriller. En janvier 2017, j'organise un événement dans le restaurant d'une boîte de nuit où je suis bookée pour mixer ma playlist favorite et convier mes *followers*. Le type débarque alors et je le reconnais tout de suite. Saisie de frayeur, je reste stupéfaite durant un instant avant de reprendre mes esprits et d'aller trouver Matthieu et Diego pour qu'ils le neutralisent en attendant l'arrivée de la police... trente minutes plus tard ! Les forces de l'ordre embarquent le type, tout en nous expliquant que tant qu'il n'a « rien fait », il a autant le droit d'être là que les autres personnes. Ce qui n'est pas fait pour me rassurer, bien sûr. L'épilogue de cette histoire – dont je n'entendrai heureusement plus parler jusque-là – aura lieu près de deux ans plus tard, en décembre 2018. À cette date, un commissariat de police me téléphone pour m'informer qu'une enquête a été ouverte à l'encontre de mon harceleur, qu'elle est en cours et qu'il sera bientôt jugé. Je maintiens donc mes plaintes jusqu'au terme de son procès, qui me fait prendre conscience que si j'ai l'impression de ne pas vraiment étaler ma vie sur les réseaux sociaux, j'en divulgue déjà bien trop si j'en crois la richesse et la précision des informations collectées par le déséquilibré. Et je tire de cette mésaventure – qui m'a réellement effrayée – deux conclusions : à l'avenir, il me faudra faire preuve de beaucoup plus de vigilance sur les informations personnelles que je mets en ligne et, ne me sentant plus aussi bien à Paris, j'irai m'installer à Los Angeles.

VIE PRIVÉE /
VIE PERSO

Quand bien même je donne le sentiment d'exposer une grande partie de ma vie, en réalité, je ne dois exposer que 20 % de celle-ci. L'idée est de vous faire pénétrer dans mon univers en préservant au maximum mon intimité. C'est juste une question d'équilibre !

Cette envie de partir pour les États-Unis ne m'est pas venue à ce moment-là, mais c'est, à l'évidence, le harcèlement dont j'ai été victime qui m'en a donné l'impulsion. Nous y étions déjà allés plusieurs fois Matthieu et moi, nous comptions plusieurs amis à Los Angeles, ville qui m'était apparue, au départ, comme impersonnelle, mais que nous avons fini par bien connaître. Nous avions même contacté un avocat pour entamer des démarches en vue de notre installation, mais la vie en a décidé autrement et le cancer de ma mère m'a bien évidemment fait tout arrêter.

En voyage de presse avec Chanel, 2017.

Pour être vaincue, cette maladie nécessite d'abord que le patient garde bon moral et qu'il soit très entouré par ses proches. Bien que ma mère m'encourage à partir, il ne saurait en être question pour moi : elle est malade, elle a besoin de ses enfants comme nous avons besoin d'elle, et tant que durera cette situation, je resterai à ses côtés. Et le miracle se produit : sa chimio, commencée en novembre, s'achève huit mois plus tard par une rémission ! Dans l'euphorie, nous décidons, Diego et moi, de l'emmener se reposer à Ibiza, dans une maison que nous avons louée pour l'occasion. Nous sommes en juin 2017 et tellement soulagés par ce dénouement inespéré !

À Los Angeles, en 2018.

9

L'INFLUENCE : UN MÉTIER EN PLEINE ÉVOLUTION

2017 reste dans ma mémoire comme une année compliquée, car il m'a fallu mener de front mon soutien à ma mère et la gestion de ma carrière. Il n'est pas facile, par exemple, de passer la matinée aux côtés de ma mère à l'hôpital et de me rendre à un shooting l'après-midi même, souriante et en forme. S'agissant d'un métier d'image, il est impossible de laisser transparaître quoi que ce soit qui vous affecte, et *a fortiori* de s'effondrer. D'où la dureté des exigences. Cette insensibilité d'apparence – je ne me confie jamais au sujet de ce qui m'affecte – m'amène aussi à prendre de la distance par rapport à ce qui m'arrive, et c'est ce réflexe émotionnel qui me permet – égoïstement – de me préserver et de maintenir la tête hors de l'eau.

Sur le plan professionnel, justement, j'ai toujours un emploi du temps très chargé. Mon expérience avec Vloggist est à peine terminée que je signe un contrat avec Etam, pour toute une saison. Cette collaboration se révèle enrichissante car les équipes d'Etam nous – les autres ambassadrices et moi-même – font visiter leurs bureaux situés près de Lille et leurs ateliers de fabrication pour nous montrer comment fonctionne l'entreprise. Quant à nous, nous devenons leurs « envoyées spéciales » et sommes présentes à leurs événements, leurs défilés, dans lesquels nous emmenons nos *followers* à travers nos *stories* Instagram. En faisant découvrir la marque par le biais de nos publications, nous confirmons le bien-fondé de la confiance que peuvent – et doivent – accorder les annonceurs aux influenceurs. Et le résultat va se concrétiser progressivement, car je vais faire de plus en plus de campagnes pérennes, des contrats sur plusieurs mois, et de moins en moins de *one shot*.

Bien qu'il me soit difficile de restreindre mes collaborations, je ne veux absolument pas ressembler à un panneau publicitaire, surtout dans le domaine de la beauté où les collaborations s'accumulent. Opérer des choix parmi toutes les marques proposées constitue un véritable casse-tête, et je dois déterminer certains critères pour y parvenir, car mon boulot est de faire découvrir de nouveaux produits et de

COMMENT BIEN CHOISIR SES COLLABORATIONS ?

Je suis toujours partie du principe que j'acceptais une collaboration si, naturellement, en passant devant une vitrine, je m'étais arrêtée sur un produit que la marque en question proposait. Si d'office le produit ne me séduit pas un minimum, je décline. Si celui-ci me séduit, alors je vais m'informer sur sa provenance, sa production, son histoire, ou encore ses composants lorsqu'il s'agit d'un produit cosmétique. De là, je vais mettre mes agents dans la boucle afin de définir un brief et un budget. Il peut arriver qu'il n'y ait pas de budget, et dans ce cas-là, si j'ai véritablement un coup de cœur pour le produit après l'avoir testé, j'en parlerai quand même.

nouvelles marques. J'opte alors pour des marques de plus en plus naturelles ou en tout cas efficaces et qui répondent réellement aux besoins de ma peau, mais, dans un souci d'éthique, je ne fais jamais la promotion d'un produit sans l'avoir essayé. Quand les marques me contactent, je demande d'abord à tester le produit, puis j'accepte ou non la campagne. C'est pour cette raison que je refuse 85 % des campagnes et n'en accepte que parmi celles que je peux tester réellement.

En ce qui concerne la mode, mon approche est différente : compte tenu de mon expérience, je peux souvent visualiser les vêtements dont il est question et je suis rarement déçue lorsque je les vois si je ne les choisis pas en showroom. Mais je refuse de collaborer avec des marques qui ne me correspondent pas, parce que je tiens à choisir ce que je porte. Je fais attention à mon image autant qu'à ma stratégie, car il est difficile de durer dans le milieu du digital, au vu des nouvelles, des plus jeunes et des plus engagées qui font chaque année leur apparition. Mais aujourd'hui, ce sont les agents qui prennent en charge tous ces aspects-là, de même que tout ce qui peut être embarrassant pour moi, notamment la partie négociation financière – un peu comme des filtres –, car il n'est pas question que je me retrouve en porte-à-faux avec les annonceurs.

« JE TIENS À RESTER AUTHENTIQUE ET CONTINUER À FAIRE FAIRE DES DÉCOUVERTES À MA COMMUNAUTÉ. »

Le milieu des influenceurs, en se professionnalisant, évolue très rapidement et le job demande de plus en plus de travail, car il exige une recherche constante de nouveautés à

Voyage de presse avec Levi's en Espagne, été 2019 (Sandrine Sandrinette, Emyra Ayed, Camille Callen, Hera Pradel, Fadela Mecheri, Selma Kaci, Fatou N'Diaye).

mettre en avant. Mais la diversification entraîne le risque de la dispersion, et il faut prêter une attention constante à son image si l'on veut éviter de l'associer à des marques qui la dévalorisent ou ne lui ressemblent pas. En ce qui me concerne, par exemple, il n'entre pas dans mon profil d'être associée au haut de gamme en permanence. J'aime communiquer sur du haut de gamme, mais j'aime pouvoir le faire quand, le lendemain, je peux partager une marque plutôt niche, par exemple. Je tiens à rester authentique et continuer à faire faire des découvertes à ma communauté. Personne ne la connaît mieux que moi, voilà pourquoi je me permets parfois de mettre en garde les marques qui auraient tendance à vouloir m'imposer un brief qui n'aurait pas de sens dans sa communication sur mon blog ou mes réseaux sociaux. C'est d'ailleurs ce qui m'a récemment amenée à annuler une opération avec une marque pour un dépôt-vente en ligne. Au dernier moment, celle-ci a voulu changer sa façon de communiquer, qui ne me convenait pas... Ce qui démontre bien qu'en aucun cas, je m'exécute « bêtement » malgré une certaine somme d'argent. Cela a toujours été mon parti pris et m'a donné l'opportunité de me positionner d'une certaine manière, auprès des annonceurs, mais surtout des gens qui me suivent et me font confiance.

C'est également une question de stratégie, car je pense participer à moins d'opérations à l'avenir mais sur du plus long terme, ce que préfère ma communauté, que je peux réellement embarquer dans l'univers de la marque sur plusieurs mois. Pour parvenir à ce résultat, il me faudra peut-être adapter ma façon de faire, parce que jusqu'à maintenant, je n'ai jamais démarché les marques. Mais quand je vois les nouvelles influenceuses s'entourer d'agents et de publicistes qui vont contacter les marques pour elles et adopter une démarche proactive pour qu'elles soient invitées à tel ou tel événement, je pense parfois que je devrais revoir ma stratégie. Pour l'instant, mon indépendance est ce qu'il y a de plus important à mes yeux. Et c'est sans doute l'une des raisons pour lesquelles je n'ai jamais rêvé de bosser pour une marque en particulier et que je suis heureuse de mettre en avant un parfum haut de gamme ou une marque de jeans denim plus populaire mais dont l'image est canon. Ainsi, par exemple, si j'ai salué la stratégie digitale de Dolce & Gabbana Couture – qui a consisté à faire défiler des influenceurs –, je ne rêve pas de défiler pour autant, mais j'aime l'idée que toutes les marques commencent à jouer le jeu, et l'on assiste à ce phénomène récent qui veut que les influenceurs deviennent les nouveaux modèles et égéries de la mode. Cela signifie que le monde change et que l'industrie s'y adapte. Quant à moi, je soutiens globalement les nouveaux projets liés à la puissance de l'influence. Moi qui à l'époque devais échanger des dizaines de mails pour obtenir un tout petit budget pour ne serait-ce que payer mon photographe, je ne peux que me réjouir de ce changement.

Dans le monde de l'influence, tout le monde… s'influence ! C'est une pratique engendrée par le rythme sur lequel fonctionne ce milieu. Il faut sans cesse découvrir les dernières nouveautés – de préférence le premier –, flairer les tendances, deviner la mode, les nouvelles habitudes beauté, faute de quoi on a parfois la tentation de surfer sur la vague des autres. Et c'est entre autres pour cela que j'ai arrêté de trop regarder les IGTV des unes et des autres, hormis celles de mes amies. Car je me refuse à produire du « copier-coller ». Quel est l'intérêt de reproduire le même maquillage en vogue ? Dans le même esprit, je m'impose d'être sélective avec les personnes que je suis sur les réseaux pour ne retenir que celles qui m'inspirent et pour voir toutes leurs publications passer. Mais s'en inspirer ne signifie pas les copier : ainsi, par exemple, Jeanne Damas que j'aime beaucoup, qui incarne la tendance « parisienne » depuis tellement d'années déjà sans même avoir à mettre en scène son univers (depuis que je la suis, alors qu'elle était adolescente, elle est fidèle à elle-même), a suscité une vague de profils émergeants qui lui ressemblent étrangement. Mais elle a su tirer son épingle du jeu en utilisant son image pour entreprendre. Il ne s'agit plus juste d'une influenceuse, mais d'une véritable femme d'affaires. On l'aura compris : dans ce milieu, il est difficile de rester fidèle à ce que l'on est et à l'image que l'on veut donner de soi.

Sur le plan des rapports humains, il est facile de créer des liens… Du moins en apparence. Pendant les *Fashion Weeks* par exemple, je vois des « amitiés » se nouer pour les *streetstyle photos* prises en sortie de défilés uniquement pour gagner en visibilité sur les réseaux sociaux. Pour ma part, je ne suis pas dans cette logique-là, car je ne suis définitivement pas comédienne, et je ne suis pas prête à tout pour obtenir un cliché posté sur un compte populaire d'Instagram. Ce parti pris s'affirme également dans le rythme de travail : à mes débuts, je me rendais à deux ou trois événements par soir ; aujourd'hui, je n'ai plus envie de ça, de m'épuiser à me disperser. Du coup, mon emploi du temps est moins chargé en événements et ceux-ci sont mieux ciblés.

Face à la « concurrence », comme je l'ai dit, je ne ressens aucune peur et j'accueille les nouveaux venus avec bienveillance. Je n'éprouve à leur égard aucune jalousie – et encore moins d'aigreur –, car je considère qu'ils font partie de l'évolution naturelle des choses, qui veut toujours de nouvelles têtes. Mais le pendant de cette exigence de « nouvelles têtes » se vérifie aussi : des influenceuses disparaissent totalement du paysage, un beau jour, sans que l'on sache pourquoi. Sans doute n'ont-elles pas su prendre le train en marche. Cela démontre qu'il faut rester ce que l'on est tout en demeurant très réactif face à un business en constante évolution.

Bien qu'il soit facile de nouer des amitiés dans ce milieu et de s'entendre avec tout le monde, je reste sélective : j'aime les gens simples, bien éduqués et qui s'adaptent à tout sans se prendre pour des stars. Les voyages de presse, par exemple, favorisent beaucoup les rencontres, voire les ententes entre les participants. On y côtoie souvent les mêmes personnes liées aux mêmes marques. Dans ces conditions, des liens se créent au fur et à mesure avec les attachés de presse ou les agences, dans lesquels se mêle parfois de l'affection. Mais, bien qu'il s'agisse d'un univers qui se veut « cool », il faut savoir garder ses distances et ne jamais perdre de vue que l'on fréquente ces gens avant tout pour le boulot. J'ai mis du temps, des années, à échanger des numéros de téléphone ou à voir mes amis influenceurs hors du travail, et cette réserve, m'entendant bien avec absolument tout le monde, sans trop me dévoiler pour autant, a été une bonne chose, en fin de compte.

COMMENT FAIRE FACE
À LA CONCURRENCE ?

Je pense qu'il ne faut pas contrer la concurrence, mais en faire son alliée. Essayer de créer du contenu ensemble avec cette nouvelle génération qui débarque sur les réseaux sociaux. Vous êtes invité à un voyage de presse avec des personnes qui ont démarré bien après vous ? N'hésitez pas à vous y rendre, plutôt que de vous dire que vous n'avez rien en commun. Je suis convaincue que les synergies jouent un rôle essentiel dans la visibilité de votre compte ou de votre blog.

Mes plus beaux voyages de presse, ceux qui sont demeurés pour moi les plus marquants, sont ceux de mes débuts. Tout y était nouveau pour moi, matière à découvertes et occasions de rencontres, c'est-à-dire tout ce que j'aime. Je me souviens de New York avec Levi's, de l'Argentine avec Kenzo Parfums – j'y étais seule avec une attachée de presse, dans des conditions privilégiées, et un sentiment d'imposture m'a parfois traversée, celui d'avoir la chance de me trouver là-bas en lieu et place de quelqu'une d'autre, notamment de mes parents qui auraient été si heureux de faire ce voyage. Je me souviens aussi de mes voyages en France – je raffole de Calvi on the Rocks – et de mes participations au Festival de Cannes, auquel je me rends depuis 2013. Là, j'y retrouve tous mes potes du milieu de l'influence. Car, pour certains voyages, ce n'est pas tant la destination qui compte mais plutôt les participants et l'ambiance qui y règne. Ce qui me plaît aussi, hormis ces dépaysements, c'est l'occasion qui nous est offerte d'entrer de plain-pied dans l'univers de la marque, que l'on découvre, pour ainsi dire, de l'intérieur. Mais, là encore, il y a tellement de propositions de voyages qu'il faut savoir être sélectif, pour ne proposer que du contenu cohérent avec ce que l'on propose habituellement à sa communauté. C'est bien pour ça que j'ai encore refusé un voyage à Cuba récemment, car le contenu que je devais mettre en avant n'avait aucun lien avec ma ligne éditoriale. Il faut pouvoir résister aux propositions, même les plus alléchantes, pour conserver sa crédibilité.

Ce petit tour d'horizon du métier d'influenceur serait selon moi incomplet si je ne parlais pas de son évolution depuis que je m'y suis lancée. Aujourd'hui, les annonceurs demandent aux influenceurs d'être « créateurs de contenu » : autrement dit, il ne s'agit plus seulement d'avoir un look, mais aussi d'y introduire un véritable univers et un discours fondé, un rêve que doivent déclencher les images chez les *followers*. En d'autres termes, il faut être suffisamment pertinent pour les toucher au bon endroit, c'est-à-dire là où sommeillent leurs attentes qui... n'attendent que d'être éveillées. Car, pour être un créateur de contenu pertinent, il faut savoir susciter le désir, certes, mais surtout convaincre dans notre manière de communiquer, ce qui passe par la création de contenus intelligents. Ces contenus, il faut les construire de manière à ce qu'ils coïncident avec la personnalité des marques avec lesquelles on collabore. Donc, là encore, il n'y a pas de hasard : on ne parvient à atteindre cet objectif sans un minimum de travail de recherche, de tests (pour la beauté) et d'authenticité.

Ce qui a également changé dans ce métier, ce sont ses méthodes de fonctionnement. Et ça concerne d'abord les outils de mesure du nombre de *followers* et du taux d'engagement (pourcentage de personnes ayant aimé, commenté ou partagé votre publication, ou ayant cliqué dessus, après l'avoir vue) et de transformation (taux de conversion qui représente la proportion d'achats sur un site web ou *via* un lien « swipe up » sur Instagram) des influenceurs. Au début, les annonceurs se fiaient au nombre de commentaires sur les blogs pour répondre à ces questions ; désormais, on utilise des lien trackés, c'est-à-dire des outils qui permettent de suivre précisément le parcours shopping de l'utilisateur depuis le contenu de l'influenceur jusqu'à l'acte d'achat. À présent, les marques partagent donc avec moi les taux de vente, ce qui fournit aux uns et aux autres des mesures très affinées.

Autre changement notable : les briefs (document détaillant tous les éléments à intégrer dans notre speech à l'oral ou en récit sur nos blogs, ou en légende) donnés par les marques. Jusqu'en 2013-2014, il n'y en avait pas systématiquement et l'influenceur créait de l'image avec sa propre sensibilité, son style et son imaginaire. Aujourd'hui – et sans doute est-ce lié à l'apparition de l'exigence de contenu en plus de l'image –, les marques, qui se sont davantage professionnalisées dans leur communication, ont de plus en plus tendance à imposer des briefs, ce à quoi je

Voyage de presse Moët & Chandon à Cannes, juin 2017.

refuse encore de me plier totalement si celui-ci n'est pas pensé un minimum dans le sens de ma façon de communiquer. Il ne s'agit pas là d'un caprice, mais je le redis : je sais exactement comment communiquer avec ma communauté que je connais mieux que n'importe qui, et je ne peux pas appliquer bêtement des directives que l'on me donne pour prendre une photo ou parler en *story*. Je dois y apporter ma touche personnelle, celle qui fait que les gens me suivent avec attention.

La dernière conséquence de cette évolution, avant de refermer cette parenthèse sur le métier, ce sont les interventions publiques. Les influenceurs bénéficiant de l'attrait de la nouveauté et de la curiosité que suscite leur activité, je suis régulièrement sollicitée pour intervenir dans des écoles et des universités, ou même face à des patrons de grandes boîtes curieux d'en savoir plus sur le phénomène du digital – HEC, Dauphine, Modadomani, pour n'en citer que quelques-uns – pour parler de mon approche marketing, entre autres sujets. J'y raconte à des groupes de personnes mon parcours, chose que j'aime beaucoup faire parce que ça me donne l'occasion de prendre du recul sur mon activité et me permet de m'auto-analyser. Au début, j'ai senti un accueil condescendant, voire hostile : les gens étaient pleins d'*a priori*, s'imaginaient que le métier d'influenceur était juste un travail de flemmard, qu'il offrait une vie géniale et que l'on n'avait aucunement le droit de s'en plaindre. Mais lorsqu'ils se sont rendu compte de la difficulté de maintenir sa présence en ligne, de la complexité du marché ou de la stratégie à mettre en place, leur regard s'en est trouvé changé. Car créer des comptes sur tous les réseaux sociaux et fédérer un maximum de *followers* n'est pas donné à tout le monde. Ils en sont convenus et j'ai finalement eu des retours positifs à chacune de mes interventions. Mais je ne suis pas là pour convaincre les sceptiques ni justifier mon métier en permanence. Or, comme il s'agit d'une activité qui fascine encore beaucoup de gens qui se posent une foule de questions, j'y réponds avec plaisir, mais sans avoir l'arrière-pensée d'emporter leur conviction, et encore moins celle de devoir leur rendre des comptes. Qu'ils s'en fassent, au final, une idée plus précise, est ce qui m'importe en réalité.

Voilà, je referme cette (longue) parenthèse sur mon métier pour revenir là où je vous ai laissé, à la fin de l'année 2017, compliquée pour moi à cause de la maladie de ma mère, mais qui s'est heureusement améliorée au fil des mois.

Campagne mère-fille, Comptoir des Cotonniers, 2016 (crédit : Alix de Beer).

10

LA PERTE D'UN ÊTRE CHER

2017 est aussi l'année de mon permis de conduire, celui avec lequel je vous ai tant bassiné ! Ce qui s'annonce, pour moi, comme un véritable challenge. En effet, j'ai toujours eu très peur en voiture, et ce depuis que je suis tombée d'un véhicule en marche quand j'avais trois ou quatre ans, au Maroc, accident dont le souvenir reste encore très présent. Mais comme je me suis fixé de passer mon permis à trente ans (vous remarquerez que j'ai beaucoup d'objectifs liés à mes âges !), il est plus que temps de m'y mettre, car c'est d'abord, à mes yeux, un facteur d'indépendance et de liberté, avant d'être indispensable. Je surmonte mes réticences et fais le tour des auto-écoles de mon quartier avec Matthieu, jusqu'à ce que j'en trouve une qui me séduit. Je m'y inscris donc, sans me douter que j'entame alors un véritable parcours du combattant… Qui va durer huit mois ! J'obtiens le code au bout de la troisième fois et la conduite du premier coup, après quatre-vingts heures de cours… Je voulais tellement ce permis, je m'y suis tellement acharnée – c'en était devenu un gag – que le jour où j'ai su que je l'avais en poche, j'ai ressenti davantage de joie que lorsque j'ai eu mon bac.

Ma mère se portant mieux, elle est retournée passer du temps dans sa maison à Marrakech et alors a ressurgi le projet de nous installer à Los Angeles. Nous décidons, Matthieu et moi, d'y effectuer un séjour prolongé, de janvier à mars 2018, pour faire l'expérience de la vie sur place. Matthieu y bossera en tant que réalisateur, tel qu'il le fait déjà à Paris, et moi j'y créerai mon contenu digital. Ces deux mois vont faire partie des meilleurs de ma vie. Je commence par me rendre compte que l'environnement me convient parfaitement, notamment en termes d'hygiène de vie : on s'alimente sainement, on fait du sport et on profite de la proximité de la nature. Et puis, à part quelques événements pour des marques auxquels nous nous rendons, nous sortons peu, nous nous couchons tôt pour nous lever encore plus tôt qu'à Paris. Je préfère définitivement le jour à la nuit. C'est la première

Installation de deux mois à Los Angeles, janvier 2018 (crédit : Alix de Beer).

fois que je vis officiellement avec Matthieu après trois ans de relation, loin de ma famille, de mes amis, de ma ville et de mon cadre habituel, ce qui me donne le sentiment d'avoir tout à reconstruire et m'apparaît comme un challenge excitant. J'y découvre aussi le Pilates Megaformer, un mix de cardio, de musculation et de Pilates, pour lequel j'éprouve une vraie passion. L'une de nos journées types se déroule à peu près de cette façon : lever matinal suivi, à 8 ou 9 heures, d'un cours de Pilates ; petit déjeuner sur la terrasse de notre petite maison en lisant nos mails, puis boulot durant le reste de la matinée. Ensuite, nous déjeunons à l'extérieur ou à la maison, avant de passer l'après-midi à créer du contenu et faire des photos ou bien des vidéos selon la demande des marques. Le soir, tête-à-tête en amoureux, chose que nous ne prenons jamais le temps de faire à Paris tant les invitations sont nombreuses, ou bien dîner entre amis…

Le bilan du séjour est plus que positif : non seulement je m'y suis sentie très épanouie, mais en plus j'ai pu travailler de là-bas, y créer mes contenus, les poster comme si j'étais à Paris, et je n'ai manqué qu'une seule opportunité de boulot avec une marque car il fallait que je shoote en studio, à Paris. Toutes les autres ont joué le jeu, en m'envoyant ce dont j'avais besoin sur place pour communiquer. Le retour en France est très dur, mais la tristesse de rentrer est atténuée par la joie de retrouver ma famille. À partir de ce moment-là, nous décidons cependant avec Matthieu de nous installer définitivement à Los Angeles. Je reprends donc contact avec mon avocate afin de poursuivre les démarches pour obtenir le visa que j'avais déjà sollicité avant l'annonce du cancer de ma mère. L'idée est de nous y installer dès le mois septembre qui suit. Je ferai des allers-retours pour participer à des opérations ou à des voyages de presse, car je veux conserver le marché français et y poursuivre mes collaborations. Sachant, bien sûr, que développer ma sphère d'influence sur le marché américain n'en serait que mieux ; mais nous avons la chance d'avoir créé notre propre métier, Matthieu et moi, et nous entendons le garder. Par ailleurs, je sais que me transplanter

« ME TRANSPLANTER DANS UN AUTRE UNIVERS VA M'OUVRIR DE NOUVELLES POSSIBILITÉS ET CRÉER DE NOUVELLES DYNAMIQUES. »

dans un autre univers va m'ouvrir de nouvelles possibilités et créer de nouvelles dynamiques. Et puis Matthieu poursuivra son travail dans l'image là-bas, car les rapports professionnels entre les gens y sont bien plus simples à établir qu'en France. On ne s'embarrasse pas de tabous et on crée des relations *networking* très rapidement, à l'instar de Matthieu qui s'est déjà fait un certain nombre de contacts professionnels sur place.

Hélas, la réalité balaie bien vite ces beaux projets, car les dernières analyses de ma mère révèlent une rechute. Elle doit donc subir une nouvelle chimiothérapie assortie d'une radiothérapie, qui donnera lieu à de nombreux effets secondaires très pénibles, notamment des difficultés à déglutir, donc une grande perte de poids qui devient inquiétante. Son moral en prend aussi un coup, car même si, devant nous, elle ne montre aucun signe de faiblesse, il y a des faits qui ne trompent pas et, bien évidemment, je ne peux absolument pas lui en vouloir d'en avoir assez de cette vie-là.

Au mois de juillet suivant, nous partons en vacances tous ensemble à Ios, la petite île grecque qui nous accueille depuis que je suis bébé. Toute la famille s'y retrouve, dont mon père, sa femme, mes sœurs, mes frères. Ma mère prend sur elle afin de faire en sorte que sa maladie ne dépeigne pas sur le *mood* général (je suis tellement impressionnée par sa détermination !) ; en revanche, à cause de son manque de souffle, elle qui était la grande organisatrice de nos journées doit se résoudre à renoncer à certaines activités sportives. À la fin du mois, elle repart pour le Maroc, où nous prévoyons de nous retrouver pour les fêtes de fin d'année. À ce moment-là, j'ignore que je viens de passer mes dernières vacances avec elle...

En octobre, ma mère se joint à moi, à Paris, pour fêter les dix ans de mon blog à l'occasion d'une grande fête, mais c'est en décembre, lors de nos vacances marocaines, que je constate une nette dégradation de sa santé. Il n'y a rien de pire que d'être impuissant face à l'état de santé critique d'une personne que l'on aime, et je vois les efforts que ma mère fait pour sortir au restaurant le soir ou nous suivre dans le désert en journée, par exemple. Au risque de choquer, combien de fois ai-je dit ou pensé que j'aurais fait n'importe quoi pour endosser la maladie qu'elle a, afin qu'elle puisse souffler un peu. J'ai vraiment, je pense, été forte tout le temps, mais dans le fond, je suis anéantie car je ne supporte pas que cette chose,

Le dernier été avec ma mère en Grèce, août 2018.

Rentrée 2018, soirée des dix ans du blog.

cette injustice puisse faire du mal à la personne que j'aime le plus au monde, à la personne qui a toujours été mon modèle de résistance.

De retour à Paris début janvier 2019, nous fêtons l'anniversaire de Diego. Ma mère avait l'intention de se joindre à nous – elle avait pris son billet d'avion, mais s'est finalement sentie trop faible pour assister au dîner et à la fête organisés. Elle n'annule pourtant jamais rien et a même fait le déplacement à Paris, c'est dire... Quelques jours plus tard, un samedi, je reçois l'appel que l'on ne voudrait jamais recevoir, celui de ma mère qui a fait un malaise. Je cours chez elle – heureusement, elle est à cinq minutes de chez moi –, puis je l'emmène immédiatement aux urgences où nous passons la nuit. Commence alors pour elle un séjour de trois mois à l'hôpital : ma mère doit reprendre des forces et manger à nouveau normalement. Mais les effets secondaires de la radiothérapie perdurent et lui font mal à l'œsophage. Cela dit, elle n'a rien perdu de sa coquetterie malgré sa grande fatigue : dans sa chambre, elle se fait faire des manucures et des brushings... Je suis tellement admirative de son optimisme. Au terme de ces trois mois, les médecins lui proposent de la transférer dans une clinique qui lui conviendra mieux. L'endroit est très agréable, sa chambre l'est tout autant et donne sur un parc arboré. La nourriture y est meilleure qu'à l'hôpital, la vie plus douce, et ma mère s'y sent bien. Le personnel est bienveillant et très gentil. Autre aspect non négligeable, la clinique est située dans Paris, ce qui me permet d'aller la voir tous les jours facilement, en regard de mon emploi du temps très dense. L'entrée dans cette clinique lui redonne le moral ; il s'agirait de la dernière étape avant de rentrer chez elle, avec les kilos en plus qu'elle doit récupérer.

Ma mère va demeurer dans cette clinique durant deux mois, dont les dix derniers jours vont être poignants. Lors d'un week-end que je passe à l'étranger, elle me téléphone et je me rends tout de suite compte que sa voix a changé ; elle évoque des difficultés respiratoires. Folle d'inquiétude, j'appelle la clinique pour être rassurée, car j'ai le sentiment qu'à tout moment la guette un arrêt respiratoire. Diego va lui rendre visite et constate son état. C'est véritablement la première fois que je doute et que je fonds en larmes dans les bras de Matthieu, alors que je suis à des centaines de kilomètres. Quelques jours plus tard, Diego reçoit un appel du professeur qui s'occupe d'elle et qui lui apprend que le traitement ne fonctionne plus, que la maladie progresse. Il le fait avec beaucoup de délicatesse et répond à toutes les questions que lui pose mon frère. C'est à partir de cet instant que nous comprenons, Diego et moi, que notre mère est condamnée. Nous décidons d'appeler Romeo, qui vit à Montréal, pour une discussion à trois afin de lui expliquer la terrible situation. Avec l'approbation de son professeur, nous souhaitons lui apprendre nous-mêmes ce qui se passe, mais nous sommes devancés par un médecin qui passera dans sa chambre ce soir-là. Bien évidemment, je ne me suis pas gênée pour débarquer dans son bureau pour lui faire part de l'indélicatesse dont il vient de faire preuve. J'étais tellement énervée ! Le professeur étant pessimiste quant au temps qu'il lui reste, je fais en sorte d'aller la voir tous les jours, sans toutefois pouvoir me dégager de toutes mes obligations professionnelles, jusqu'au jour où, lors d'un événement avec une marque beauté, je reçois l'appel de l'une de ses amies qui m'avertit qu'il faut que je retourne à la clinique au plus vite une fois libérée. Sans repasser chez moi, je fonce directement au chevet de ma mère.

Une fois toute la famille réunie, nous nous relayons auprès d'elle au cours de la soirée, chacun allant passer un moment à ses côtés pour lui parler et lui apporter du soutien. Le lendemain matin, Romeo arrive de Montréal ; quant à moi, je n'ai pas quitté la chambre depuis la veille. Quelques jours plus tard, alors que nous passons toutes les nuits auprès de notre mère, nous partageant un matelas pour trois à même le sol (je ne remercierai jamais assez le personnel de cette clinique de nous avoir laissés faire vivre cette chambre ainsi, ils ont été tellement adorables avec nous), durant l'un de ses moments de lucidité, ma mère décide d'aborder le sujet de l'avenir, du nôtre et du sien, discussion qui nous apporte un énorme réconfort car elle nous prouve qu'elle est dans l'acceptation de son sort, bien qu'elle soit toujours préoccupée par le devenir de ses enfants. Elle en profite aussi pour nous faire part des dispositions qu'elle aimerait que nous prenions pour ses obsèques, manifestant une dernière fois sa volonté de tout organiser. Je suis impressionnée par la force qu'elle dégage dans un moment si difficile, et je comprends alors réellement ce qu'est être mère : toujours faire passer le bien-être de ses enfants avant le sien, même lors de ses derniers instants… Néanmoins, elle regrette que sa fin se prolonge, qu'on ne lui permette pas, comme en Suisse ou ailleurs, de choisir quand partir, le souhaitant à présent rapidement.

Un matin, au bout d'une grosse semaine de confinement dans la clinique, je décide pour la première fois d'aller prendre l'air alors que ma mère dort. Il fait beau, et avec Romeo, nous allons nous poser en terrasse à quelques mètres. Nous nous disons qu'il serait bien que Maman s'envole aujourd'hui, elle qui aime tant le soleil (celui de son Maroc natal). Diego est resté à ses côtés, l'idée étant que nous nous relayions. En chemin, je croise quelques-unes de ses amies venues prendre des nouvelles, et elles nous suivent. Une heure plus tard, de retour dans sa chambre, je lui saisis la main et c'est alors que je me rends compte qu'elle prend une inspiration peu habituelle et qu'elle ne l'expirera pas. Je m'approche d'elle, j'écoute son cœur et ne l'entends pas : elle s'est éteinte à douze heures pile, comme je le dirai aux médecins qui viennent constater son décès. Une fois seule avec elle, étant persuadée que son âme est encore présente dans la pièce, je m'allonge à ses côtés et lui dis tout ce qu'il me restait à lui dire, tout ce que j'avais encore envie de lui dire.

« JE COMPRENDS ALORS RÉELLEMENT CE QU'EST ÊTRE MÈRE : TOUJOURS FAIRE PASSER LE BIEN-ÊTRE DE SES ENFANTS AVANT LE SIEN. »

Je ne sais pas pourquoi, j'ai pris cette photo le soir du départ de ma mère, comme pour ne pas oublier. Mai 2019.

Mes frères font de même. Et puis j'éprouve le sentiment apaisant qu'elle n'aurait pas pu partir dans de meilleures conditions, entourée de ses enfants jusqu'au bout, comme la mère attentionnée qu'elle a toujours été. Je pleure, évidemment, mais qu'est-ce que je suis soulagée de savoir qu'elle n'a plus mal.

En sortant de la chambre, nos pères qui nous attendent dans le couloir saisissent bien la situation, mais le sourire que nous avons tous les trois aux lèvres leur fait comprendre que nous sommes en paix avec ce qui vient de se produire.

Bien évidemment, je ne me réjouis pas d'avoir perdu ma mère. Je suis, nous sommes simplement soulagés pour elle, de la savoir enfin délivrée de cette maladie et de cette fin à retardement, qu'elle ne méritait pas. Nous savons qu'elle est partie rejoindre ses parents et d'autres personnes qu'elle aime, qui l'attendent très probablement de l'autre côté.

Nous allons déjeuner tous ensemble à la terrasse d'un restaurant, puis je retourne à la clinique où je range les affaires de ma mère. Et enfin, avec quelques kilos en moins et des heures de sommeil à rattraper, je rentre à la maison pour prendre une bonne douche et dormir d'un sommeil profond. Tous les soirs, jusqu'à la date des obsèques, nous nous retrouvons en famille et entre amis, non pas pour pleurer sa mort mais pour célébrer sa vie, comme je l'ai précisé dans mon discours lors de ses funérailles. Ainsi, le 1er mai, jour de son décès, mon père nous invite tous chez lui à dîner et je lance l'idée de raconter, chacun notre tour, un souvenir drôle ou sympa que nous avons vécu avec elle. Nous partageons ainsi un moment exceptionnel, fait de rires et d'émotions, qui témoigne de l'aura positive qui émanait d'elle. Et nous en arrivons à la conclusion qu'elle incarnait l'essence même de la femme berbère : une femme libre, une *amazigh*.

Pendant les jours qui suivent, je me sens un peu oppressée car je suis très sollicitée, jusqu'aux obsèques, par les membres de notre entourage qui me téléphonent ou m'écrivent. Je me retrouve à consoler des gens qui m'appellent en pleurant et, malgré moi, je leur en veux un peu, j'ai envie de leur rappeler que du haut de mes trente-deux ans, c'est moi l'enfant qui a perdu sa maman. Mais il m'est cependant agréable de constater combien ma mère était populaire. À travers toutes ces réactions, je me rends compte de l'importance de laisser un beau souvenir de soi à son départ. Par ailleurs, les formalités administratives et logistiques liées au décès

Mon tatouage « Maman » inscrit en berbère sur mon poignet, juin 2019.

m'accaparent beaucoup, m'empêchant de ressentir le contrecoup de ce deuil, donc de craquer. J'ai tout de même hâte que cela se termine, car je me sens dépassée et j'aimerais que toute ma tristesse sorte enfin, tout en considérant la chance que nous avons que ma mère ait fait de nous une fratrie hypersoudée.

Arrive enfin le jour des obsèques. J'ai souvent pensé à cette journée, redoutant de la vivre en étant écrasée par le chagrin ; or il n'en est rien. Les trois cents personnes présentes à son enterrement sont la preuve de l'amour qui gravitait autour d'elle, et j'en retire un grand réconfort, sentiment mêlé de force et de fierté : la force qu'elle nous a transmise en ne se plaignant jamais, la fierté de savoir qu'elle était appréciée.

Je me suis rendue au Maroc pour vider son appartement. Je croyais que le fait d'être déjà passée par là dans sa chambre à la clinique ou dans son appartement parisien m'aurait préparée à la chose ; mais ce n'est pas le cas. Avec mes frères, nous nous sommes alors installés là où elle résidait, dans un lieu débordant de vie et non dans un intérieur déserté pendant des mois, un endroit encore riche de projets et de réalisations en devenir. Coup de massue. Cela me rend terriblement triste et je commence à trouver injuste qu'elle soit partie si jeune alors qu'elle se projetait encore tellement dans l'avenir, comme en témoigne son appartement marocain.

Comme ma grand-mère qui, depuis qu'elle a disparu, vient me rendre visite dans mes rêves, je sens à présent que ma mère fait de même, la nuit, et je rêve beaucoup d'elle. En s'en allant, elle m'a transmis sa force de caractère, tissant avec moi un lien spécial qui jamais ne se rompra.

Photo de famille, septembre 2020.

11

LA DÉCOUVERTE
DE LA MATERNITÉ

Décembre 2019. Je suis en vacances avec toute ma famille à Los Angeles lorsque je constate un retard dans mon cycle, ainsi que de fortes douleurs à la poitrine chaque matin en me réveillant. Cela étant, je n'imagine pas une seconde que je puisse être enceinte. Matthieu et moi avons beau en avoir très envie, je n'aurais jamais pensé que cela arrive si rapidement et je ne m'attendais donc pas à une telle nouvelle avant quelques mois, voire années.

Je suis alors convaincue que ces symptômes sont insignifiants et je fais part de mes doutes à Matthieu, en lui proposant de faire un test afin d'en avoir le cœur net. Un tour au CVS (une grande chaîne de pharmacie américaine) du coin plus tard, le test se révèle positif, mais je refuse toujours d'y croire. À tel point que mon annonce en perd tout romantisme : j'envoie simplement un texto à Matthieu en lui demandant de me rejoindre dans la salle de bains, puis je lui tends le test en disant qu'il s'agit probablement d'une erreur. Lui aussi est abasourdi et ne sait comment réagir : ni lui ni moi n'étions prêts à ce que ça arrive si vite, et seulement quelques mois après le départ de ma mère...

Je retourne donc au CVS, j'achète trois autres tests de marques différentes, que je réalise les trois jours qui suivent. J'ai la tête dure ! Après quatre tests positifs, je réalise doucement que je suis bel et bien enceinte. Nous décidons néanmoins d'être prudents et de ne pas laisser éclater notre joie avant notre retour en France. Je ne peux par ailleurs pas m'empêcher de culpabiliser en pensant aux semaines précédentes et aux fêtes de fin d'année pendant lesquelles j'ai consommé de l'alcool, pris des médicaments pour soigner un vilain rhume, pris de longs vols, etc.

Une fois à Paris, Matthieu part en voyage de presse et je me retrouve seule à la maison. Je procède alors à cette fameuse prise de sang et je prends rendez-vous avec mon gynécologue, lequel me confirme que je suis enceinte.

Je suis folle de joie, mais aussi très inquiète. J'appréhende soudainement la suite des événements et la façon dont je vais gérer ce bouleversement dans ma vie. D'autant plus que mon médecin m'informe que mon placenta est placé extrêmement bas, et il m'exhorte à la plus grande vigilance : plus de sport, plus de voyages, moins d'activités au quotidien... Ce qui se révèle être clairement à l'opposé de mon rythme de vie habituel ! Cette merveilleuse nouvelle va de pair avec un sacré changement d'habitudes, en tout cas pour le premier trimestre.

Je suis cependant ses conseils à la lettre et reste très prudente les trois premiers mois. Je ne subis aucun symptôme désagréable si ce n'est une immense fatigue, mais je dois pourtant annuler tous mes voyages et un grand nombre de projets, ce qui me frustre un peu, sans compter que je dois sans cesse inventer de nouveaux prétextes puisque personne n'est encore au courant à ce moment-là.

Mon frère Diego est d'ailleurs la toute première personne à laquelle je confie la nouvelle, en lui annonçant *via* Facetime dès le début de ma grossesse, et ce pour des raisons pratiques avant tout. En effet, étant représentée par l'agence Influence qu'il dirige, il est essentiel qu'il puisse donner le change auprès des annonceurs avec lesquels je travaille et ainsi me « couvrir » pour annuler voyages et événements en connaissance de cause. Lui aussi se montre très étonné par cette annonce, et assez inquiet bizarrement. Il va m'appeler très régulièrement pour savoir comment nous allons, le bébé et moi.

Pour ce qui est du reste de ma famille, je préfère attendre le stade crucial des trois mois avant de leur faire part de ma grossesse, notamment pour les préserver et leur éviter un nouveau chagrin à quelques mois du décès de ma mère si jamais les choses ne se passaient pas comme prévu. Mon père me reprochera d'ailleurs de ne pas lui avoir dit plus tôt et ne comprendra pas ma décision.

Nous attendons donc la fameuse échographie des trois mois. La question se pose également de partager ou non cette nouvelle auprès de ma communauté, ce à quoi je me refuse catégoriquement, car j'ai envie de continuer à profiter de cet état en toute quiétude avec Matthieu, en évitant les conseils et autres sollicitations non bienvenues de l'extérieur, donc l'émergence d'un possible stress alors que je vis jusque-là ma grossesse dans une bulle aussi heureuse que sereine. Seule ma mère me manque plus que jamais, et je regrette tellement de ne pas pouvoir partager

À sept mois de grossesse, juillet 2020.

tout cela avec elle. J'avais toujours imaginé vivre cette aventure à ses côtés, et elle me manque cruellement.

Quant à Matthieu, il ne réalise pas encore véritablement ce qui arrive, et il se montre d'ailleurs extrêmement vexé lorsque je lui offre un livre sur la paternité, comme si je lui suggérais de s'éduquer sur ce sujet. Alors que je ressens le besoin de me renseigner et de m'instruire, en tout cas au début de ma grossesse – selon moi, on ne naît pas mère mais on le devient –, lui ne vit pas les choses de la même façon et fait confiance à son seul instinct. Il se montre parfaitement serein, sans aucune inquiétude. Alors qu'il rêve de devenir papa depuis toujours, il semble en effet tout à fait préparé à ce nouveau rôle.

De mon côté, j'ai bien sûr toujours rêvé de fonder une famille, tout en gardant en tête l'idée de m'accomplir professionnellement au préalable, de voyager et de profiter avant d'avoir mon premier enfant. Je sais que tout cela n'est pas incompatible avec la maternité, mais j'ai conscience qu'une sacrée organisation sera nécessaire et que ma liberté ne sera plus la même.

Douze ans après la création de mon blog, dix ans à la tête de ma société, six ans de relation avec Matthieu, le moment me semble enfin parfaitement venu et je suis convaincue qu'avoir perdu ma mère a en quelque sorte accéléré ce processus. Elle me demandait sans cesse en riant quand elle serait enfin grand-mère, jusqu'à déclencher une véritable réflexion chez moi, pensant que peut-être l'arrivée d'un bébé lui ferait du bien et participerait à sa guérison... Pour finalement prendre le parti de ne pas faire un « bébé médicament » mais d'attendre le moment où Matthieu et moi en aurions véritablement envie. Je suis par ailleurs certaine que gérer à la fois ma grossesse et sa maladie aurait été extrêmement compliqué, et puis je sais surtout qu'elle veille sur moi et m'accompagne chaque jour dans cette aventure. Je suis sûre que tout s'est bien passé grâce à elle, et la savoir près de moi a sans aucun doute largement participé à ma sérénité.

« UNE VÉRITABLE QUIÉTUDE S'INSTALLE ET JE ME SENS SEREINE. »

Une fois ces trois premiers mois passés, une véritable quiétude s'installe et je me sens sereine. Mon gynécologue me confirme que tout va bien et que je peux désormais reprendre mes voyages et mes activités. Matthieu et moi décidons alors de nous rattraper et de réserver de beaux voyages pour les mois suivants, notamment un séjour de rêve en road-trip à travers la Polynésie et la Nouvelle-Zélande, ce dont je me réjouis. Sauf que survient alors… la Covid-19 !

LA GROSSESSE

La grossesse est propre à chacune. Il n'y a pas un seul type de grossesse. Alors surtout ne vous comparez pas aux autres. Vivez-la en assumant vos ressentis, qu'ils soient bons ou mauvais, et libérez votre parole, notamment quand ça ne va pas. Cela ne fera pas de vous une mauvaise future maman, au contraire. Et fiez-vous à votre instinct, qui sera votre meilleur indicateur si vous recevez trop de conseils qui vous montent à la tête.

Ainsi, nous nous retrouvons, comme tout le monde, bloqués à la maison pendant près de trois mois et contraints d'annuler tous nos projets. Et les deux mois suivants se résument à trois uniques sorties, une prise de sang au laboratoire, une échographie et une courte promenade nocturne.

Je suis convaincue que je ne serais jamais parvenue à un tel effort de patience si je n'avais pas été enceinte. Je me sens en harmonie avec moi-même et tente de considérer cette période comme une opportunité pour profiter de Matthieu et de notre bébé en toute quiétude. Mon ventre prend d'ailleurs beaucoup d'ampleur pendant cette période et il devient difficile de cacher ma grossesse. Comme tous les influenceurs à ce moment-là, je réalise des *live* sur Instagram et tente d'animer ma communauté à travers des séances de sport, etc. Certains de mes *followers* devinent alors mon état à travers des gestes évidents comme mes mains posées sur mon ventre et m'envoient des messages à ce sujet. À cinq mois de grossesse, je décide donc de partager la nouvelle avec ma communauté, à laquelle suit une jolie vidéo que nous réalisons Matthieu et moi.

Nous avons passé ces mois de confinement dans notre appartement parisien, ce qui s'est révélé être difficile, comme pour tout le monde. Les jours se sont succédé à un rythme bien souvent décalé, nous nous sommes couchés et levés tard régulièrement, tentant tant bien que mal de nous occuper.

De mon côté, le rythme de travail est alors assez calme et j'en profite pour produire des contenus vidéo et des IGTVs, que je n'ai habituellement pas le temps

Prête à accoucher très bientôt… Fin juillet 2020 (crédit : Claire Guillon).

de réaliser. Ma fille continue de se développer, me causant des sciatiques à force d'être constamment allongée ou assise. Je tente le yoga prénatal pour me soulager, mais cela ne suffit plus.

Enfin libres ! Dès l'annonce du déconfinement, le premier rendez-vous que je prends est chez l'ostéopathe, dont je ressors enfin soulagée. Et, comme beaucoup de monde, nous ne pouvons désormais plus voir notre appartement en peinture et avons envie de déménager. D'autant plus que nous rencontrons quelques soucis avec la propriétaire actuelle et rêvons d'accueillir notre fille dans un endroit que nous aurions meublé et aménagé nous-mêmes, un endroit « neuf » pour démarrer cette nouvelle vie.

Un dilemme cornélien s'impose alors : à sept mois de grossesse, devons-nous attendre que notre fille soit venue au monde pour déménager ou nous en occuper sans attendre, au risque d'accoucher au milieu des cartons ? Après des mois d'inactivité, je rêve d'action et de renouveau, et je tranche : nous déménageons maintenant !

Forts de notre expérience du confinement, nous voulons à tout prix un appartement avec terrasse et avons également conscience qu'il nous faudra élargir nos frontières parisiennes si nous voulons obtenir une surface agréable pour nous trois. Ce qui bouleverse tous mes repères, ayant grandi et habité tout ma vie dans le Marais. De surcroît, quitter mon quartier me donne le sentiment de m'éloigner encore davantage de ma mère et de mes souvenirs…

« JE RÊVE D'ACTION ET DE RENOUVEAU. »

Nous en visitons donc plusieurs, avant de tomber sur un très bel appartement, délabré et sale mais immense. Un loft avec une vue sur tout Paris. J'hésite à me lancer dans des travaux à un stade aussi avancé de ma grossesse, mais Matthieu a un véritable coup de cœur pour l'endroit et finit par me convaincre. Nous déposons donc un dossier et commence alors une longue négociation avec le propriétaire, qui se montre extrêmement frileux vis-à-vis de notre dossier et de notre statut d'entrepreneurs, ne cessant de nous demander de nouveaux documents et justificatifs, ce qui m'agace prodigieusement. Il finit par accepter, avant de nous écrire quarante-huit heures plus tard pour se dédire, nous annoncer que ses craintes l'emportent et qu'il nous préfère un autre dossier. Je suis évidemment folle de rage.

Nous nous penchons alors sur un autre appartement, au centre de Paris et sans terrasse, propre et fonctionnel, mais avec un escalier car il s'agit d'un duplex, ce qui me rends anxieuse vis-à-vis de mon bébé. Je me sais maladroite et crains de tomber, ou que cela n'arrive à ma fille plus tard… Matthieu me rassure et, quelques semaines étant passées, je suis désormais à huit mois de grossesse et nous devons désormais très vite trouver un appartement. Alors nous signons, sans grand enthousiasme mais avec l'idée de trouver mieux d'ici quelques années, si nous ne sommes pas partis à l'étranger. Puis nous repassons quelques jours plus tard pour prendre des mesures et commander nos meubles. Je glisse en montant l'escalier et manque de tomber, mais je n'y prête pas vraiment attention.

Le soir même, je reçois un texto du propriétaire de l'appartement que nous avions failli signer : il a rencontré un souci avec ses locataires et ne peut donc pas accepter leur dossier. Fière comme je suis, je ne réponds même pas.

Le lendemain, j'échange avec une amie de ma mère dotée de dons auxquels j'ai toujours cru. Je lui parle de ces deux appartements et elle me dit aussitôt qu'elle me voit tomber dans l'escalier de l'un des deux endroits. Cela achève de me décider, je ravale ma fierté et nous signons pour l'appartement dans lequel nous sommes aujourd'hui, celui avec la vue sur tout Paris.

Je n'ai désormais plus que quelques semaines devant moi et les travaux à réaliser sont importants avant de pouvoir nous installer. Démarre alors un marathon et Matthieu travaille d'arrache-pied pour boucler le chantier à temps. Ce qui n'est pas sans apporter son lot d'angoisses : nous sommes en plein été, seuls à Paris puisque tous nos proches sont en vacances, la chaleur est torride et je me sens désormais très lourde, littéralement épuisée. Matthieu dort régulièrement dans le nouvel appartement afin d'accueillir les ouvriers le matin, aussi je suis souvent seule dans notre ancien chez-nous, anxieuse à l'idée de mettre au monde notre petite fille dans ce chantier.

Mais enfin, tout est prêt ! Quelques jours avant mon terme, la chambre de notre petite fille est terminée, ma valise de maternité aussi et nous attendons désormais son arrivée avec impatience. Animée par l'envie qu'elle arrive à temps, je marche tous les jours, je me fais masser, je teste la réflexologie plantaire, l'ostéopathie… Mais rien n'y fait, elle reste bien au chaud.

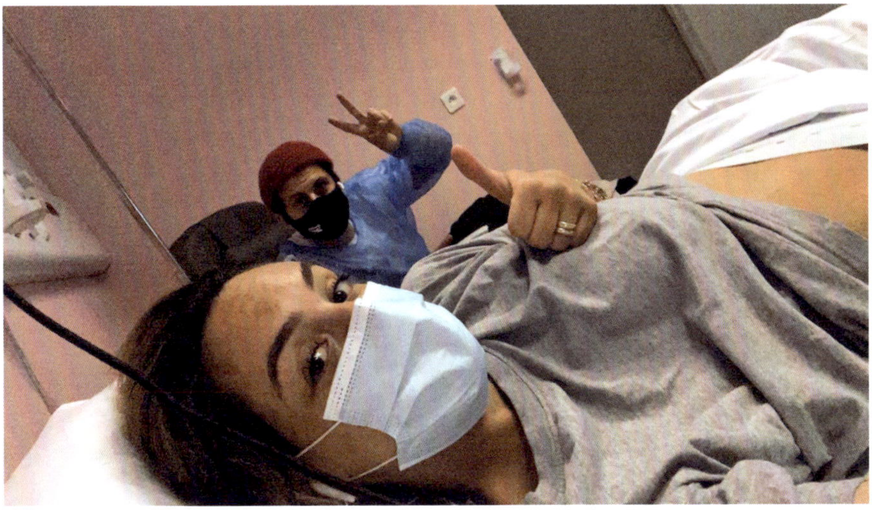

Quelques heures avant mon accouchement, septembre 2020.

Le jour du terme étant arrivé, j'écris un mail à mon gynécologue, qui m'envoie à la maternité pour un monitoring. Tout va bien. On me propose de rentrer chez moi quelques jours et de revenir pour être déclenchée si notre fille ne se décide pas entre-temps.

Déterminée à tout tenter pour qu'elle sorte naturellement, je renoue avec toutes mes activités avec d'autant plus d'énergie : marche, réflexologie, massages, ostéo... Je m'achète même une swiss-ball, sur laquelle je passe des heures. En vain !

Les quatre jours passent et j'ai donc rendez-vous le 8 septembre à 21 heures à la maternité. Ça me semble tellement étrange d'avoir rendez-vous pour mettre mon bébé au monde... Comme toutes les futures mamans, je m'imaginais réveiller mon amoureux après avoir perdu les eaux en pleine nuit. Mais non. L'après-midi même, je suis en pleine forme, alors je décide d'aller chez le coiffeur pour passer le temps et me sentir jolie. Je serai parfaitement apprêtée pour accueillir ma fille ! Une fois rentrée chez moi, je finalise ma valise, profite d'un coucher de soleil sur notre terrasse avec Matthieu avant de nous rendre à la maternité.

Une fois arrivés, on me fait un nouveau monitoring et je suis déclenchée. Une heure plus tard, les contractions s'intensifient et cela dure seize heures sans que je puisse me reposer tant les contractions sont douloureuses. Je descends alors en salle de travail et on me propose la péridurale, que j'accepte aussitôt. Quinze minutes plus tard, la douleur a totalement disparu et j'attends désormais tranquillement l'arrivée de ma fille, avec mon ordinateur et mes séries.

J'ai la chance d'être prise en charge par une sage-femme incroyable, très rassurante et bienveillante, qui répond à toutes mes questions lorsqu'elle passe me voir. Mais le temps passe et les effets de la péridurale s'estompent sans que ma fille ait montré le bout de son nez... On doit alors m'en faire une seconde, en me prévenant que je ne sentirai plus mes jambes et que cela peut encore durer des heures. Je tente d'être patiente et me plonge dans mes séries, tandis que Matthieu reprend des forces dans la chambre et passe me voir de temps en temps. Mon gynécologue passe également, constate que l'attente risque d'être encore longue et repart à son cabinet.

Cependant, quand la sage-femme repasse une demi-heure plus tard, elle constate que l'arrivée est désormais imminente. C'était inattendu ! Elle prévient le gynécologue et Matthieu, et l'accouchement démarre une heure plus tard !

Nous ne sommes alors que quatre en salle de travail, le son diffuse la playlist que nous avions préparée avec Matthieu, mon gynéco plaisante, l'ambiance est douce et sereine.... Moins d'une heure plus tard, notre fille naît sans la moindre douleur et dans une atmosphère joyeuse. La sensation de ma fille sortant de mon ventre est incroyable, tellement libératrice et particulière !

Une fois ma petite fille posée sur mon ventre, je panique et me demande comment la prendre dans mes bras, ce qui fait rire mon médecin et la sage-femme. Mais un instant plus tard, l'instinct se fait plus fort et je la prends dans mes bras, la contemplant pour la première fois. Je réalise alors combien elle ressemble à son père. Née après son terme, ses traits sont parfaitement dessinés.... Matthieu est fou de joie.

Le pédiatre vérifie alors que tout va bien et on me propose d'offrir à notre fille la « tétée de bienvenue », ainsi qu'ils l'appellent. Une fois de retour dans la chambre, Matthieu et moi nous sentons immédiatement très à l'aise avec notre fille, tout nous paraît soudain évident. Nous profitons de ces cinq jours en autarcie totale (Covid

De retour à la maison avec ma fille Azel, septembre 2020.

oblige, les visites sont interdites) pour nous découvrir tous les trois, ce qui me convient, car la douleur est encore vive et je n'ai pas la force de voir qui que ce soit.

Puis nous rentrons chez nous, sans la moindre appréhension, tellement heureux d'accueillir notre fille dans ce nouvel appartement et excités à la perspective de cette nouvelle vie qui démarre. Après quelque temps d'allaitement exclusif – ce dont j'avais toujours eu envie, je me rends compte que ce n'est pas la formule qui me convient le mieux. J'opte alors pour un « régime mixte » et d'alterner lait maternel et biberon, ce qui paraît totalement satisfaire notre fille, qui grandit et se développe parfaitement.

Après ces longs mois de confinement, de travaux, de grossesse, je ressens par ailleurs très vite le besoin de renouer avec mes activités. Je n'accepte évidemment que peu de collaborations, mais je suis ravie de me libérer deux heures par jour pour des projets, et d'autant plus heureuse de rentrer ensuite à la maison la retrouver. Je reproduis sans le vouloir le schéma de mes parents, travaillant tous deux et se relayant pour s'occuper de moi lorsque je suis née, tout en m'apportant toute l'attention et l'amour dont j'avais besoin pour m'épanouir.

Il n'existe à mon sens pas de recette unique pour être une bonne maman, c'est à chacune de trouver la sienne et celle qui lui correspond le mieux, ainsi qu'à son enfant. En partageant ce retour progressif à la vie active sur mes réseaux sociaux, j'ai pu essuyer quelques remarques désagréables, émanant notamment d'une jeune maman qui me reprochait de culpabiliser celles qui profitaient pleinement de leur congé maternité, si chèrement acquis. C'est aussi pour cette raison que nous n'avons pas souhaité exposer le visage de notre fille sur nos réseaux sociaux, n'ayant aucune envie de susciter de commentaires à son égard, qu'ils soient positifs ou négatifs, ni de conseils et recommandations, certes le plus souvent bienveillants, mais très intrusifs et non bienvenus.

Il s'agit plus globalement de respect pour elle : à quatorze jours (au moment où j'écris ces lignes), elle ne peut bien sûr pas encore décider d'être exposée ou non et ce choix lui appartient totalement. Je partage alors mon quotidien de jeune maman afin d'inspirer ou d'aider les futures ou jeunes mères qui me suivent, tout en ne dévoilant pas tout afin de préserver une intimité qui n'appartient qu'à nous, et également de protéger ma fille.

Crédit : Alix de Beer.

Encore toute jeune maman et plongée dans les affres de la maternité, il est fondamental que mes réseaux s'en ressentent. Je pense cependant que ces derniers reprendront progressivement leur teneur habituelle.

Concernant la suite de ma carrière, pour la toute première fois de ma vie, j'accepte de n'avoir aucun contrôle ni aucune perspective précise. L'essentiel pour moi aujourd'hui est que ma fille grandisse bien et qu'elle soit heureuse, tout le reste ne dépendra que d'elle. Nous avons en revanche abandonné (en tout cas momentanément) notre idée de nous installer à Los Angeles ; il n'est aujourd'hui plus question de voyager et nous aviserons dans les mois à venir.

Une chose est sûre cependant, j'aime toujours autant ce que je fais et je m'en rends d'autant plus compte après ces longs mois de confinement, pendant lesquels mon activité m'a terriblement manqué, tout comme de rencontrer des marques, ma communauté, voyager... Cette notion de partage et d'échange m'anime véritablement et il me tient à cœur de poursuivre dans cette voie. J'ai des idées plein la tête, notamment le projet de créer une marque, de partir vivre à l'étranger, agrandir ma famille... Je ne sais pas de quoi demain sera fait, je ne sais pas où nous allons nous installer, les États-Unis ou peut-être un autre pays. Ou peut-être même resterons-nous à Paris. Quelle décision devons-nous prendre, d'autant plus avec la crise sanitaire que nous vivons ? L'avenir nous le dira !

« CETTE NOTION DE PARTAGE ET D'ÉCHANGE M'ANIME VÉRITABLEMENT ET IL ME TIENT À CŒUR DE POURSUIVRE DANS CETTE VOIE. »

Matthieu est très heureux, je ne l'ai jamais vu si confiant et sûr de lui, j'ai le sentiment qu'il remplit le rôle de sa vie. Par sa capacité à s'occuper si parfaitement de notre fille, il me rassure et m'apporte une sérénité bienvenue. Ses gestes, son attitude avec elle, tout me laisse penser que je n'aurais pu rêver d'un meilleur père pour notre fille. Cela résonne sans doute comme un cliché, mais le voir ainsi avec elle renforce encore mon amour pour lui.

Ma famille est également très heureuse. L'arrivée d'Azel est une lumière qui nous fait du bien à tous après ce tsunami qu'a été le décès de ma mère... Combien de fois ai-je pleuré en me disant que j'allais accoucher sans qu'elle soit là pour veiller sur moi ? Pour ensuite me rendre compte que donner naissance t'apporte une force incommensurable et te rend invincible.

Azel n'est là que depuis quelques semaines, mais elle est déjà source de tant de paix et d'harmonie autour d'elle, apaisant les drames et événements douloureux de notre vie et balayant tous nos doutes et inquiétudes, pour nous inonder de sa lumière. Elle nous apporte une force immense et si puissante que rien ne nous paraît impossible.

COMMENT GÉRER **MATERNITÉ ET ENTREPRENEURIAT ?**

Tout est question d'organisation. « Si d'autres femmes l'ont fait, pourquoi pas moi. » C'est ce que je me suis toujours dit pour relativiser, notamment pour calmer mes appréhensions avant l'arrivée de mon bébé. Si vous avez besoin de déléguer, surtout déléguez, ne culpabilisez pas. Une maman épanouie égale un bébé apaisé. Vous êtes la seule à savoir ce qui convient à votre enfant ou pas, mais aussi ce qui vous convient à vous en tant que femme, ne vous oubliez pas.

Shooting pour le livre, octobre 2020 (crédit : Lydie Bonhomme et Kevin Parny, maquillage de Margot Priolet).

Le décès de ma mère et la grossesse ont à nouveau ajourné mon installation avec Matthieu aux États-Unis. Mais nos projets demeurent inchangés. Notre envie d'expérience à l'étranger ne nous a pas quittés. Maintenant, nous nous demandons si les États-Unis seront notre destination. La situation politique et la crise sanitaire liée à la Covid-19 nous font beaucoup réfléchir. En ce qui concerne notre couple, nous avons les mêmes attentes : tout d'abord, l'absence d'envie de nous marier, pour le moment en tout cas. Pour ma part, ça vient sans doute du fait que mes parents étaient divorcés. Mais ça ne traduit pour autant pas une peur de l'avenir ni de l'engagement, la preuve en est avec la maternité. Nous ne nous projetons pas trop loin parce que nous ne savons pas ce que demain nous réserve. J'ai trente-trois ans, Matthieu trente, et la vie s'ouvre à nous.

En revanche, à court et moyen termes, de gros challenges nous attendent. D'abord celui de prendre nos marques dans un autre pays, mais aussi, en ce qui me concerne, d'éventuellement y développer une communauté. Tout en sachant que les États-Unis sont déjà le deuxième pays qui me consulte, je me dis que je pourrais peut-être y arriver ailleurs. Mais aussi, créer une marque de cosmétiques, un projet dont je rêve mais qu'il est difficile de lancer sans être bien entourée. Rien que ça !

Un dernier mot à présent : lorsque j'ai terminé le premier jet de ce livre, nous étions à l'automne 2020. Entre-temps, j'ai réalisé deux des projets qui me tenaient le plus à cœur : achever mon histoire pour vous l'offrir et... mettre au monde un enfant de Matthieu. Ce merveilleux cadeau de la vie est un joli clin d'œil de ma mère qui rêvait d'être grand-mère, j'en suis sûre. Une nouvelle aventure commence pour moi et j'ai bien l'intention, comme les femmes de ma famille qui m'ont précédée, de la vivre pleinement.

Paris, octobre 2020.

Avant toute chose, je remercie mes parents et ma belle-mère (l'épouse de mon Papa) qui m'ont toujours accordé leur confiance, et ont toujours cru en moi. Ça peut sonner un peu cliché, mais mes parents ont toujours respecté mes choix même les plus farfelus.
Plus particulièrement, ma Maman qui continue de diffuser tout son amour de là où elle est, et de m'inspirer pour être tous les jours une meilleure version de moi-même.
Bien évidemment, je remercie mes frères et sœurs, qui forment ma meilleure *team*, à la vie à la mort !

Diego, mon frère notamment dans son rôle d'agent, ainsi que Virginie son associée, mais également mon amie, sans qui je n'aurais jamais pu rédiger ce livre. Elle m'a été d'une grande aide, mon binôme dans la rédaction.

Matthieu, mon amour, le papa de ma fille, mais surtout mon meilleur ami. Nous avons traversé beaucoup de choses ensemble, le pire comme le meilleur et j'espère que la vie nous réserve encore de belles aventures.

Merci à ma fille, Azel, qui me comble de bonheur depuis quelques mois. Je sais qu'un jour, elle aura cet ouvrage entre les mains et j'espère qu'elle sera fière de sa Maman.

Les personnes, que j'ai pu citer dans ce livre, avec qui j'ai partagé un bout ou un moment de vie, même celles que je ne porte plus dans mon cœur, elles m'auront forgé d'une certaine manière et contribué à être la personne que je suis aujourd'hui.

Et bien entendu, toutes les personnes qui me sont fidèles depuis 2008, celles qui sont arrivées en cours de route, et qui m'encouragent à continuer à alimenter mon blog comme mes réseaux sociaux. Ces mêmes personnes, qui ont fait que ma passion soit devenue mon métier à plein temps, et qui me permettent de me lever chaque matin avec le sourire et l'envie de faire toujours mieux.

Je vous suis plus que reconnaissante et j'espère que notre histoire perdurera encore longtemps.

FSC www.fsc.org
MIXTE
Papier issu de sources responsables
FSC® C007507

Cet ouvrage est composé de matériaux issus de forêts bien gérées certifiées FSC®, de matériaux recyclés et de matériaux issus d'autres sources contrôlées.

ACHEVÉ D'IMPRIMÉ **EN JANVIER 2021** PAR **GRAPHYCEMS**
DÉPÔT LÉGAL : **FÉVRIER 2021**
IMPRIMÉ **EN ESPAGNE**